我的人生我做主，我的企业我做主，
把握自己，把握现在，珍惜工作，创造未来。

企业助我成长 我为企业争光

张英伟◎编著

企业兴则员工兴，企业衰则员工衰

员工用自己不遗余力的努力，为企业增光添彩；
企业用她温馨与安谧的臂膀，托起员工成长的明天。

中国言实出版社

图书在版编目(CIP)数据

企业助我成长　我为企业争光/张英伟编著.
—北京:中国言实出版社,2012.1
ISBN 978-7-80250-689-3

Ⅰ.①企…
Ⅱ.①张…
Ⅲ.①企业—职工—职业道德
Ⅳ.①F272.92

中国版本图书馆 CIP 数据核字(2011)第 240006 号

出版发行　中国言实出版社
地　址:北京市朝阳区北苑路 180 号加利大厦 5 号楼 105 室
邮　编:100101
电　话:64924716(发行部)　64924735(邮　购)
64924880(总编室)　64914138(四编部)
网　址:www.zgyscbs.cn
E-mail:zgyscbs@263.net

经　　销　新华书店
印　　刷　北京绿谷春印刷有限公司
版　　次　2013 年 2 月第 1 版　2013 年 2 月第 1 次印刷
规　　格　710 毫米×1000 毫米　1/16　14 印张
字　　数　175 千字
定　　价　32.00 元　ISBN 978-7-80250-689-3/F·383

前言

企业和员工的关系，形象地说，就如同船和船员的关系。企业这艘“船”承载着员工的梦想和前途，可以说，没有了企业这艘船，员工就失去了安身之所，立命之处；同时，船也不能离开船员，没有船员，船不过是一个摆设，无法起航。

企业的发展离不开员工，没有员工，企业就成了虚幻的，只不过是个概念之中；员工也离不开企业，企业是员工展示才华的舞台。企业和员工是一个利益共同体、风险共同体、命运共同体。个人成长与企业成功互为依托，“一荣俱荣、一损俱损”。

在工作中，有一些员工总认为自己只是一个打工者，自己与企业之间只是一种雇佣与被雇佣的关系，有的甚至还有意地将自己置于与企业对立的位置，这实在是一种错误的认识。没有了企业，再有才华的员工也失去了展示才华的舞台。只有时时处处以企业为重，以企业为家，把企业的事情当作自己的事情，让企业发展壮大了，员工才会有前途；让企业成功了，员工才会成功。

应该明白：我们不仅是在为企业工作，也是在为自己的事业奋斗；我们在为企业付出血汗贡献智慧的同时，企业也成为展示员工事业成功的平台。正所谓企业助我成长，我为企业争光。

无论你是一名普通工人，还是一名基层管理干部；无论你是一名四海为家的销售员，还是一名坐在办公室里的高级白领……只要你在企业这艘“船”上，你就有责任与企业同风雨、共命运，兴衰与共，悲欢与同。只有这样，才能与企业一同成长，在为企业争光的同时实现自己的人生价值，与企业一起走向辉煌。

目　录 Contents

第一章　把企业当成家，我是主人

每一个人对家都有一种无与伦比的深厚情愫，心甘情愿地为家付出一切；企业又何尝不是这样？企业兴旺，员工才有发展；企业繁荣，员工才有前途。企业助力每一个员工成就自己的事业，实现自己的价值，但同时企业的兴旺也需要每一个员工的努力和奉献，需要每一个员工为企业添砖加瓦，为企业增光添彩。所以，把企业当成家，培养主人翁的意识，把自己当成主人，才能与企业同进退，共兴衰，互利双赢。

第二章　把企业比作船，我是桨手

有人说，企业如同一条船，它时而在风和日丽的水面上徜徉，时而遇到惊涛骇浪的考验。保证这条船平安穿越风浪的要素不仅仅有结实的船体，更要靠从船长到所有水手同舟共济，与风浪拼搏的精神。企业员工应努力做一名合格的桨手，不仅要在风雨来袭时坚守岗位，风平浪静时也能将最大潜力发挥出来。因此，无论是国外还是国内，建立一个真正能够风雨与共的企业组织，是每一个经营者的梦想，从前是，今天也是。

第三章　为企业尽心力，与企业共进退

有人说："位不在高，爱岗则名；资不在深，敬业就行。"所谓"爱岗"，就是热爱本职工作，所谓"敬业"就是忠于职守，尽职尽责。爱岗敬业是职业道德的基础，是我们每一个员工应具备的职业素质。一个员工能否爱岗敬业并坚持不懈，不仅关系到员工本人的职业前途，还关系到企业的生存质量和发展前景，因此，我们要将本职工作内化为自身需要，将职业的责任升华为博大的爱心，在平凡中创造奇迹。

第四章　维护企业形象，推动企业发展

企业的形象就是员工的形象，因此，每一个员工都要充分认识到维护企业形象，推动企业发展，是自我成长的关键所在。无论何时何地，无论你从事什么工作，你都要学会扪心自问，问问自己究竟为企业做了什么，因为你的每一次成长、每一个成功都离不开企业这个平台，一个形象高大的成功企业走出来的员工，也会受到更多的尊敬。

第五章　努力体现价值，促进企业强盛

在工作中不仅要做一名好员工，而且要做一名有价值的员工，既把自己的分内事做好、做出色，同时还要勇于挑战一些别人做不到的事，只有这样才能使自己在企业中渐渐变得不可替代，从而提升自己，促进企业的强盛。也就是说，不论做任何事情我们都要追求卓越。虽然一个人的能力有大小之分，天分有高低之分，悟性有好

坏之分，但它决定不了一个人的命运；勤能补拙，一分耕耘一分收获。因此，优秀员工一定要努力体现自己的价值，尤其在快速发展的现代企业中，更应该根据企业政策措施的不断调整和改变，不断调整和矫正自己奋斗的目标，使自己成为企业人才需求方面的“领跑者”。

第六章 利用企业平台，成就卓越的自己

在一个企业、一个团队中，表面上看大家相差无几，但在个人能力、素养和贡献方面却像金字塔一样，卓越员工就是位居金字塔顶端那一少部分能力强、素质高、贡献大的人。因此每一个员工都应以卓越员工为榜样。

附　录

第一章
把企业当成家，我是主人

每一个人对家都有一种无与伦比的深厚情愫，心甘情愿地为家付出一切；企业又何尝不是这样？企业兴旺，员工才有发展；企业繁荣，员工才有前途。企业助力每一个员工成就自己的事业，实现自己的价值，但同时企业的兴旺也需要每一个员工的努力和奉献，需要每一个员工为企业添砖加瓦，为企业增光添彩。所以，把企业当成家，培养主人翁的意识，把自己当成主人，才能与企业同进退，共兴衰，互利双赢。

1. 企业是一个大家庭

其实如果仔细算算账的话，我们上班时和同事在一起的时间比我们在家里和家人待的时间还多。所以也可以说，企业也是我们的家，另一个家，一个更大的家。在家里有自己的兄弟姐妹，那么在公司这个家庭，同事就是你最好的兄弟姐妹，同事伙伴朝夕相处，工作分工协同，互相帮助，就和家人一样地亲。而且大家都生活在同一个屋檐下，为了同一个目标，齐心协力，同舟共济，还有什么比这样的关系更亲密、更有家一样的感觉呢？

企业就是我们的家，就是一个大家庭。所以，作为企业的一员，我们要有以企业为家的认识，把企业当家来对待。

家是什么？家就是给你温暖、给你关心、给你支持、给你鼓励、给你一切别的地方所没有的温柔和深情的地方。所以，每一个人对于家，都有一种永难割舍的情愫。家的兴衰就是你的兴衰，家的悲欢就是你的悲欢。家的成就就是你的成就，家的一切就是你的一切！每一个人和他的家，都是同悲同喜、同欢同乐、生死与共，任何时候都以家的利益为重，时时维护家的利益、处处为家着想、永远守护家、保卫家、建设家，让家更温暖。只有家强大了，个人才能声高气壮；只有家富裕了，个人才会财大气粗；只有家温暖了，个人才能如沐春风；只有家快乐了，个人才能喜气洋洋……正是所有家人的共同维护，才能让家更加兴旺，更加温暖，更加具有无尽的磁力，紧紧地吸引着每一个家庭成员，使家成为最可心、可意、温暖和幸福的港湾。

作为企业中的一员，企业也是我们的家，我们每一个人都有义务为家的兴旺、家的繁荣、家的发展出力，只有企业这个家兴旺了，发展了，壮大了，繁荣了，员工才能有更合心的薪资、更高的待遇和更好的发展前途。

当沈坚1978年考入北京化工学院自动化系时，他不曾想到有一天会在人力资源管理行当上大放异彩。

1994年，沈坚效力于尚属德尔福汽车系统母公司、全球最大的公司——通用汽车公司。尽管没有在大学里学过这门课程，但凭着此前在国营企业近五年的管理经验及在另一家跨国公司近八年积累起来的人事管理经验，和对企业家一般的热爱，他这个人事经理还是当得有板有眼，为公司做出了不小的成绩。

随后，通用汽车公司决定在中国迅速扩大业务，员工人数相应猛增。公司要发展，员工素质要相应提高，管理层同样要提高水平。于是，沈坚被送往公司总部底特律、瑞士的国际总部、新加坡的亚太总部、澳大利亚的一个生产基地学习、工作两年时间，通过实际工作，他学到了通用汽车公司的人力资源管理的精髓。

回国后他调到了德尔福汽车系统。转入德尔福汽车系统之后，沈坚利用所学内容，并结合中国实际，落实公司独特有效的人事管理体系，制定了适合中国国情的人事管理政策和报酬体系。沈坚被提升为人力总监，他不仅胜任工作，而且在1998年年底被香港《中国员工》杂志评为“首都最优秀人力资源经理”之一。

沈坚之所以取得如此成就，主要在于他把企业当成了家。把企业当家，企业兴旺了，他的前途自然也就有了。

员工把企业当成了自己的家，那么公司怎么才能让员工在企业中感受到家庭一样的温暖呢？其实企业也应当像家一样来关爱和呵护员工。为什么家对于任何人的吸引力都那么大？而且不论是穷家、富家还是大家、小家，都永远那么吸引人呢？这其实与“家”里的财富并没有必然的联系——也许越是贫穷的家庭里的人越是恋家——其中的关键在于：家能给人以任何家之外的地方都没有的温情和力量，使每一个人不论在任何地方都会想到家的好，家的情，家的不舍和温馨。所以，企业如果能让员工念念不忘、难以割舍的话，那么，这一定会是一家成功的企业了。

在员工的事业及职业生涯层面上，企业关爱员工最根本的是关心员工的成长进步，强化他们的生存技能和工作本领，动员和引导终身持续学习，培养综合素质高的员工队伍，让员工自己为自己打造终身吃饭的家伙，无论岗位怎么变动，都能胜任工作，即便是离开了本行业，也能成为国家有用的一专多能的多面手。

有的公司领导还设立了企业内部"投诉热线"，以总经理名义向员工发布电子信箱地址和电话，建立企业员工诉求渠道，员工可以把自己的想法和意见通过互联网和电话以实名或匿名方式进行反映，公司专门落实部门进行收集，将员工的意见整理后上报总经理批阅，上会解决，促使员工主人翁意识不断增强。

西安某公司在精神领域非常关爱员工。该公司努力强化精神文化，历练信念意志，激活中华文化和谐的基因，构建"企业是家"的亲情文化。他们开展的"六心"教育，即："对国家要忠心，对企业要诚心，对工作要热心，对用户要贴心，对同志要爱心，对家庭要有责任心"。"六心"教育不仅具有广泛的社会意义、积极的思想价值，而且具有很深的文化底蕴，其中以"对家庭要有责任心"为落脚点，也在社会上引起了广泛反响。亲情文化从要做有责任心的企业公民入手，把关爱的触角伸向员工的精神世界，形成人与人、人与社会、人与环境、员工与企业的和谐关系，用亲情润泽员工对企业的感情。

一位员工感受颇深地说：通过"六心"教育，认识到我们的家就像小溪，企业像江河，国家就像海洋一样，情感就像水一样地把我们连在了一起。

一些年轻员工说：过去我们对企业很难产生归属感，近五、六年来，企业的发展经营利益调整分配开始向员工导向，我们得到的实惠多多。特别是企业制定的许多重大措施，从精神物质层面全方位地关爱我们，我们像喝了蜜糖水，甜在了心里，找到了企业主人的感觉。企业就是我温馨的家！

一个企业担起了许许多多员工的生活。就像一艘大船承载了太多人的生命,万人开大船,虽然每个人出的力气有限,但是每一个人的力量的凝聚,这艘"船"才能行万里。一个人一生中有很大一部分时间是在工作中度过的,企业是你体现人生价值的舞台,更是一个让你感到温暖的家庭,同事间的一句寒暄,领导的一句关心、鼓励更是让你感到一股暖流流过心田。

如果把企业看成了自己的家,就从不会感到陌生,日子匆匆流过,工作在这里的人,已成了大家庭中的一个成员,而每一位员工也成了哥哥、姐姐,人在这个家庭中是快乐的,我们为企业奉献青春,而企业给了我们一个家庭的归属感。

诚然,企业的发展关系着员工生活的水平,每一位员工的工作态度也联系着企业的前行、发展,只要我们用一颗感恩的心面对工作,视企业如家,视同事为兄弟姐妹,我们才能真正快乐工作,享受工作;家是心灵的避风港,为我们遮风挡雨、抚平创伤,我们都爱自己的家。

企业是温暖的大家庭,管理者是家长,员工就像企业的孩子,企业的发展,直接关系到每个员工的前途、命运。要让企业如家般温暖,首先,"家长"对"孩子"的承诺一定要兑现。许多企业总会给员工"空头承诺",当员工的希望落空、忍耐程度到一定限度时,就会选择离开,员工带走的不仅是对公司的怨恨,也包括对公司某些核心技术的外漏,可能会在竞争对手的产品中体现,这应该是每个企业都不想看到的结果。其次,"家长"必须对"孩子"充分信任。对于受到"重用"的员工来说,他当然会认为这是领导对他工作能力的肯定。信任的力量是极大的,你只要告诉员工你期望的结果,他就能够凭自己的力量去出色完成任务。

企业确实是一个大家庭,我们的员工如何关爱这个大家庭,很重要。因为任何一个家庭,如果没有家庭成员的呵护和关爱,家将不成家,成员之间将会像一盘散沙。古人云:鱼和熊掌不能兼得,当我们的员工在集体利益与个人利益起冲突时,就要懂得舍小家为大家,用感恩的心来回报这个大家,只有这样才能使我们共同的家——我们的企业兴旺强盛,不断发展。

2.人人都是主人翁

主人翁精神,是指一个人在基本合乎某一个职位任职资历的条件下,进入该职位中,依照该职位的要求,实行和实现职位所赋予的全体工作,实现个人的社会价值。在这里,是指更进一步地乐意与企业患难与共、同舟共济、荣辱与共,深入"企兴我荣,企衰我耻"思维,把公司当成自己的家。公司里每一个员工都是组成公司的一个细胞。

著名企业文明作家汤姆·彼得斯推出过一本《赢得优势——领导艺术的较量》,他在这本书中说:"我已不满意《追求上风》一书中所选择的信任人、关心人、爱惜人的观点,而是要进一步使每一个员工都成为主人翁,人人都成为企业家。我要为主人翁精神大声欢呼、欢呼!"

他还应用了大批的事例论述一个黄金法令:只要你把所有的员工都看成主人翁,员工就会把公司看成自己的,他们就会主动地为公司尽心尽责。主人翁意识对一个企业的竞争力来说,是十分重要的。因为如果每一个人都有主人翁意识,都把公司内部的事当成自己的事来做的话,公司无形当中会构成很大的竞争力,任何时候也都会有强大的吸引力,让员工割舍不了,抛弃不下。

浙江有一家工艺品编织出口企业,拥有员工300余名。由于公司善待员工,员工把企业当成自己的家,都有主人翁意识,春节刚过5天,来自河南、安徽等12个省、市的员工就有96%返厂上班。这个返厂率完全可以说明一个道理:企业如家,人人都是主人翁。

所以说,企业员工的主人翁意识,是企业发展的能源,它象征着诚信、团结、求实、积极、专业和创新。只要有了主人翁意识,你会感到自己的工作非常有价值,企业也会因为这样而发展得更快、更好,最后你也会因此受益。

有人打了一个形象的比喻：每一个企业，每一个职位，都是一个股份制公司，这个公司有两个股东，分别是老板跟员工。老板投入货物资本，表现在资金、厂房、装备等上，请求回报利润；而员工投入人力资本，表现在知识、教训、技能等方面。要求回报的首先是常识、经验、技能。多做一份工作，就多累积一次经验；战胜一份艰苦的工作，就是争夺了一次技能提升的机遇。最后，知识、经验、技巧大大晋升，报酬的提升同样是天经地义、瓜熟蒂落的事情。

这就是说，企业员工如果都有主人翁意识，都把企业看成了自己的家，那么企业和员工就会实现真正意义上的双赢。如果你把公司当成自己的家了，你会对它的一草一木都充满着感情，你会无比热爱这份工作，因为没有人会想分开自己的家，你会一有机会就关注公司的所有信息，时时刻刻关怀企业发展，碰到什么问题及时找方法解决。有主人翁意识的员工都酷爱企业，为企业发展出谋划策，与企业共荣辱，为公司的发展与否而担心或惊喜，而且会把同事当成共同奋斗的兄弟姐妹……总之，如果是为自己的家而工作，每个人都会尽心努力，认真负责。

杜邦是国外一家知名企业，杜邦公司每年度都要在底特律举办“优秀员工”、“明星员工”、“年度杜邦员工最高成就奖”的颁奖典礼。麦克尔·柯维先生是杜邦公司的一名普通员工，但他工作还不到三年，各式各样的声誉就开始向他飞来。工作的第一年他就被评为公司的“优秀员工”；第二年他晋级了，被评为公司里光辉四射的“明星员工”；第三年，他又飞到了底特律总部，代表所有最优秀的员工接收了“年度杜邦员工最佳造诣奖”。

这位新秀为什么每每得到这样的荣誉？从该公司总部的褒奖令上或许能给我们谜底：“麦克尔·柯维先生已经把杜邦公司当成了他自己的公司，他认真负责、精打细算的工作态度，值得我们所有人学习。他把认真工作当作了一种责任。我们没有理由不嘉奖麦克尔·柯维先生。的确，这是咱们独特的公司，没有认真做事的立场，就不会有义务感，而没有责任感的人，更谈不上认真。在此盼望麦克尔·柯维先生能再接再厉，再创光辉。”

公司是一个大家庭，不是一个仅仅发薪水的地方，如果你把公司仅仅当成自己工作的处所，那你不会对它有什么情感可言，只是逐日机械地工作，也不会对工作有很大热忱，由于你感到只有保障自己不会被“炒鱿鱼”，保证薪水不变，工作得好与坏跟自己并无太大关系。这样你就大错特错了。在任何企业，你必须要拥有“我也是企业的主人”这种理念，拥有了这种理念，就是拥有了工作中的主人翁精神，把自己当成企业的主人，当成企业的一分子，更是以一种与公司血肉相连、心灵相通、运气相系的感觉，这样就能认真去做好每一件事情，去面对每一个客户。

在我们国内，海尔是一家很独特的知名企业，因为海尔在员工准则里写道：“从您参加海尔团体的第一天起，您就成为海尔集团的一名‘企业人’，您的一举一动将不仅代表您自己的形象，更重要的是代表全部企业。从您加入企业的第一天起，您就要牢记您是这个企业的一员了，您为它工作，为它奉献，您也是它的主人。”

微软也是如此，要求员工要有主人翁精神，就是认定自己工作的价值，乐意以此为公司赚取更多的利润，建立主人翁意识，为公司着想，把自己当做老板，认为公司就是自己的，每天都会全力以赴地想怎么让它发展得更好。

许多公司在招募人才、应用人才时，特别青睐“三心”人才。所谓“三心”人才，其一就是指热情的人。这种热心是指对公司充满深沉的感情，对工作时刻保持热情；能谨记以公司整体利益、久远利益为重，视公司为家，视同事为自己的家人，共进退，团结合作、同舟共济、荣辱与共。因为公司是由每一个人组成的，大家有共同的目的和共同的好处，因而，公司里的每一个人都肩负着公司生死存亡、兴衰成败的责任。这份责任在每个员工的肩上，不可推辞，即便你的职位再低。你如果意识不到这一点，就是渎职。

一个人如果不时刻铭记着：“公司的利益要摆在首位”，那么，即使他有着再厉害的才能，也不会是一名优秀员工。一个只记得把自己的利益放在首位的人，是眼光短浅，难成大器的。如果你有为自己工作、是企业主人的心态，那么你就具备了一个优秀员工的素质。

优秀员工都有主人翁意识，他们的主人翁意识主要体现在点滴小事之上，注重细节，倡导勤俭。

一天，作为老板的杰克在去车间的路上看见了一枚螺栓，但是他没有去捡，他想看看到底谁在企业中更有主人翁姿态。于是，他便在旁边观看，希望能见到他想见的一幕。过了5分钟，一名员工路过，看都没看便走了，这让他略有些失望，又过了几分钟，又一名员工路过，看到了但是还是没有捡起，这时他有些生气了，正想上前去叫那名员工捡起时，第三名员工经过捡起了这枚螺栓。

正是这三个人的两种行为，反映了两种职业操守。前两名员工都认为一个螺栓不算什么，认为旧了可以再领，认为不是自己的设备可能用不上，但是这并不代表这枚螺栓对企业没有价值。李商隐有一句名言："历览前贤国与家，成由勤俭败由奢。"要从这些细节去做，所谓"不积小流无以成江河"，企业虽然小富了，但不能因为有点小成绩就忘记节省，忘记控制成本，要懂得"居安思危"。企业里人人都是管理者，每名员工都是主人翁，只有大家齐心合力，企业才能做强做大。只要我们人人都能从点滴做起，为企业当家理财、勤俭节约，就一定能够让企业的发展再创辉煌。

职场中我们应该以第三名员工为榜样，在企业中保持"主人翁精神"，对企业负责，尽力认真工作，努力成为一名真正的、优秀的职场中人。

企业的主人并不单纯只是老板，我们自己也是企业的主人，这就和"水能载舟，亦能覆舟"的情理是一样的。我们就是水，不流动的话，又怎能让企业更快地往前发展呢？企业兴，员工荣；企业衰，员工耻。

有主人翁意识的员工都明白，个人利益和公司利益是一致的。这是一个不言而喻的道理，"我靠企业生存，企业靠我发展"。这就如天平的两端，一方是企业，一方是员工，要保持天平的均衡，必须达到两方的协调与统一。

做企业的主人，应该体现在行为上，时刻维护公司的荣誉，时刻把公司整体利益摆到第一位。工作的知足感来自一贯的表现，可以肯定地说，作为一名有工作热情的员工，你的存在会使企业更强，企业的发展也会让你的前程更美妙！

比尔·盖茨曾经说过："一名优秀的员工是怎样的呢？作为独立的员工，你要为自己设立一个宏远的目标，并且每天都要有规划地通过一个个详细的指针来完成这个目标，不要把薪水和提升作为工作的动力，要把职业和追求牢牢连接在一起，并为此而倾注全部的力气和智慧。把枯燥、繁琐、乏味的工作，当做是自己最热爱、最值得倾注全力的人生目标，并发挥自己最大的热情。忠于公司、忠于老板，与别人和谐共处、同舟共济，在与团队的共同成长中提升自己的素质。"

所以，有人对"合格的员工"做了这样的定义：一个企业的员工，只有不管老板在不在，不管公司遇到什么样的挫折，都愿意全力以赴，都有帮助企业走出困境的主人翁心态，才能成为一名合格的员工。

3. 团队协作精神很重要

"飞将军"李广是个人才，而且是个杰出的人才，这是毋庸置疑的。但是为什么争议这么多？为什么难以封侯？为什么出师不利而自杀，成为历史上一个带有悲剧色彩的人物呢？我们在这里不探讨其他各种复杂的原因，仅就人才成长中的团队合作问题做些分析。

在历史上，这样的经验教训很多。比如刘邦与项羽，一弱一强，却又一胜一败，为什么？刘邦自己总结说，"夫运筹帷幄之中，决胜于千里之外，吾不如子房(张良)；镇国家，抚百姓，给馈饷，不绝粮道，吾不如萧何；连百万之军，战必胜，攻必取，吾不如韩信。此三人者，皆人杰也，吾能用之，此吾所以取天下也；项羽有一范增而不能用，此其所以为我擒也。”而项羽在几乎成为孤家寡人的形势下，曾向刘邦提出单打决斗的挑战：“天下匈匈数岁者，徒以吾两人耳。愿与汉王挑战，决雌雄”。刘邦的回答是：“吾宁斗志，不能斗力。”最后逼得“力拔山兮气盖世”的项羽只能走投无路，自刎于乌江之边。

不少人认为项羽很有古代英雄的气概，而刘邦却缺乏勇士的品格。显然这种评价是迂腐的。刘邦之所以能够战胜项羽，就是因为他作为那个年代新势力的领袖，特别重视团队的作用，善于团结各路英才，发挥团队的力量，从而达到一己之力所不能达到的人才集聚放大效应，这才是根本。

团队协作包括许多含义。它既是一个分工、协作、团结、配合的概念，也是一个领导、服务、组织、指导的概念。特别是作为团队领导者，他需要从事大量的工作来实现组织的目标，整合各种各样的行为来促进团队的绩效，比如：正确理解和把握组织目标从而确定团队目标，使团队结构化和组织化，争取团队工作所需的资源，清除团队工作的障碍，指导并帮助团队成员完成各自的任务，强化他们各自对团队的贡献，与团队作为一个整体来开展工作，更合理地配置并利用共同资源以实现团队的和组织的目标，等等。随着社会的发展与组织化程度的提高，团队协作的意义和作用无疑是越来越重要了。

放眼当今社会，不管是在企业或者是在科研单位，都讲究团队的协作精神。国内外职场众多企业经理人起起落落，最终成功人士毕竟还是少数；各行各业的人才成长阶梯上，不乏勇敢攀登者，可最后登顶的也寥寥无几。因此，我们每一个人在职业生涯发展的道路上，要想顺利走向职业鼎盛期、功成名就，必须避免“李广”的悲剧。

有人说，我不靠别人，只想凭借自己的努力去实现成功，这叫做独立，叫做有志气。只通过自己的单打独斗就想成功？我们可以说你很有勇气，但这个话后面要加一个括号，括号里面有一句注解，那就是：你还很傻、很天真，说这话至少也表明你缺乏生活的历练，未经世事的考验。与那些整日怨天尤人、就指望着依靠别人的人相比，你趋向了另一个极端。

对于“独立”二字，你的理解太过片面。

小张和小李在毕业之后都作为优秀人才受学校邀请留校任职，小李大学四年以来一直学习成绩优异，几乎每年都拿一等奖学金，这样的人才学校当然求之不得。而小张虽然学习成绩中等，但其学习期间一直担任学校的学生会主席，在组织能力、人事管理能力等方面令许多学校教师都由衷佩服。

在留校以后，小李依然努力钻研课题，他希望能够早日在自己喜欢的研究方向上钻研出令人瞩目的课题，而小张则在学校组织部做他喜爱的人事组织工作。在小李看来，小张白白浪费了自己的专业所学，整日做一些鸡毛蒜皮的琐事。他还总是嘲笑小张没有真才实干，全凭导师和学校领导才能和自己一样留校任职。小张对小李的嘲笑总是回以一笑，有时还真诚地向小李请教问题表达谢意。

小李的课题小有成就，导师表示愿意帮他向学校申请成立一个专门的课题研究小组，请学校其他专业的人一起帮忙攻克那个行业内相对领先的课题。但小李却直言说自己不需要别人的帮助，说自己一个人能行。这话不要说一下子得罪了所有同行，就连导师心里也不舒服。最后，小李的课题没有研究成功。当他再想找人帮忙时，大家竟然都拿出一大堆理由拒绝了他。

小张替小李在导师和其他人面前进行解释，说他就是这样一个人，人是个好人，只是不善于表达。而在最近学校组织的一次校庆活动中，小张又通过自己的一个远房亲戚为学校申请合并其他院校作出了巨大贡献。校庆之后，校长、校党委书记及学校的其他领导联合提名他为学校的团委副书记。

懂得合作才能更有利于成功。“好风凭借力，送我上青云。”特别是在当今这样一个分工越来越细化、而合作越来越重要的时代，单枪匹马的“独行侠”早已成为历史的烟云，唯有合作才是新的时代成功的不二法门。

只有懂得合作，能与团队共同努力的人，才能最终成功。

别以为自己有多了不起，一个人再厉害也比不过团队。因为没有全能的个人，只有完美的团队。也不能总是埋怨别人的过错，指责别人的缺点，总以为周围的环境和人处处跟自己作对；或者是认为自己“曲高和寡”，一般人无法理解自己丰富而深刻的思想。实际上，他们没有意识到真正的问题不是来自于周围，而是来自于他们自己。

我国是一次性卫生筷子出口大国，为了改变出口时被外商压价的状况，国内300多家有关企业成立了协会，联合起来与外商谈判，这样使我们占据了主动，每年可以为国家增加2500万美元的外汇收入。但是好景不长，个别成员企业为了一己利益，私下以低于协会规定的价格与外商进行交易，外商抓住这个机会向国内企业施压，迫不得已，其他一些企业也竞相降价。最后，国家的利益受到损失，这就是同室操戈、互相拆台的代价。所以说，只要发生了“窝里斗”就没有团结可信，更不用说团队精神了。

企业是大家的，大家是一个整体，是一个团队，这就要求我们每一个人都要有团队精神。团队精神是一种文化氛围，一种精神面貌，是一种看得见、感知得到的精神气息。单个的人是软弱无力的，就像漂流的鲁滨逊一样，只有同别人在一起，他才能完成许多的事业。一滴水只有放进大海才永远不会干涸，一个人只有当他把自己和集体事业融合在一起时才能最有力量。一只蚂蚁的力量很微小，但是它们却能将是它的体重几十倍甚至上百倍的食物从远处抬回“家”中，靠的就是团队作业，联合起来才有力量。

企业是员工共同的家，大家的目的都是一样的，都是为了这个“家”的繁荣和兴旺，都是为了“家”的发展和壮大，只要是于企业有利、于家有益的事情，我们就应当竭尽全力去做，如果协作更有利，那就应当毫不犹豫地协作才对。所以，抛开那些“独行侠”式的英雄情结，融入团队，融入企业去吧，这样才更有利于企业，也更有利于自己。

4. 公司的事就是自己的事

既然企业是我们共同的企业，是我们的“家”，那么，企业的任何事情，也都是我们自己的事情，不能拖，不能躲，更不能不在意，哪怕是任何的小事，也要认真仔细地做好。

某公司的客服人员张利需要处理一个关于会议通知的电话记录，因此，在接到一位客户电话时就说自己现在很忙，稍后再给对方回复电话。等他把手里的事情处理完了之后却找不到客户的电话了，他也没在意。过一会儿客户又打电话来问业务处的电话，张利随口说了一个号码，也没有仔细核对。后来客户对公司进行投诉，并说客服人员有时将业务处的电话张冠李戴，对客户的咨询造成了很大的不便。这件事情使得客户很不满意。对公司的声誉造成了很坏影响，张利也受到了处分。

张利觉得自己很委屈，自己当时有事又不是故意的，而且不过是一件小事，为什么还要受处分？

其实是张利有一点没有弄懂，那就是公司的事就是自己的事，而且这样的事不分大事和小事。在很多时候，越是小事，越能体现出一个公司的精神，越是小事越能代表公司的形象，因而毁损公司形象的往往也是小事。所以，别认为小事不重要，更不要认为小事不必在意。为企业做事，就该在任何时候都把企业的事当作自己的事来做，认真、细致、负责地做好、做细、做到位才行。

企业的事就是自己的事，因而也就不要以为自己只要管住自己的工作范围就行了，“只扫自家门前雪”。每个公司的职员都必须清楚，在现在的企业组织里，工作范围的界定其实只是每个人所做的最小范围。工作其实并无分内和分外之分，既然公司的事就是自己的事，那么所有的事我们都有责任也有义务去做好它，又何必拘泥于分内和分外呢？见工作就干，见问题就上，才是一个真正把企业当家、为企业争光的员工的做法，也是最能得到老板欣赏的做法。

一位资历较深的美国企业管理者，他在管理他的手下时说了这样的话："我警告我们公司的每一个人，假如有谁说：'那不是我的事情，那是他（其他同事）人该做的事情'，如果被我听到的话，我一定会开除他，因为这么说话的人明显对我们公司没有足够兴趣——如果你愿意站在那儿眼睁睁看着只有2岁大的小孩单独在码头边玩耍——好吧！我决不容许我们公司的员工这么做的，你必须跑过去保护那个小孩子才行。"

一个能把公司的事当成自己的事来做的员工，当他面临挑战和困难时，他会迸发出比以往强大若干倍的能力和勇气，因为他知道，很可能他的胆怯和逃避会让企业承受巨大的损失，只有勇敢面对，才能真正担当起责任，不让企业遭受损失。

优秀的员工必须把"那又不关我的事"抛得远远的，坚持人与人、岗位与岗位间的协作，有了这种"负责"精神，即使天大的困难都难不倒我们，也一定会被我们战胜的！

要知道公司的事当成自己的事，只要你是企业里的一员，你就应时刻把企业的利益放在心头，不论老板在不在，都要把自己当成企业的主人，而不应当抱着"事不关己，高高挂起"的态度，将问题留给别人来处理。

如果把公司的事就是自己的事，我们不仅能从工作中获得乐趣，而且还能从工作中获得成就感；我们不仅能为公司解困除危，还能让自己磨炼出超群的才干和智慧。

小孙在一家连锁餐饮店工作，由于平时表现好，多次被评为优秀店员。有一次，这家连锁店里发生了一起意外事件，一位顾客在进餐时突然倒地，四肢抽搐，口吐白沫，众人纷纷怀疑是食品中毒，甚至有人拿出电话通知报社和电视台。在这关键时刻，小孙镇定自若，一方面指挥其他店员打急救电话，一方面竭力安抚顾客，保证不是食物中毒。他告诉大家，食物绝对没有毒，并冒险当场吃下许多饭菜。为了防止谣言扩散，他还请求大家等待急救车到来，由医生来评判。

不久，急救车过来了，经验丰富的医生告诉大家：所谓中毒顾客实际上是羊角风发作，不过凑巧赶在这样一个场合，大家尽可放心。对这家餐饮店而言，这真是一场始料不及的危机，但这场危机终于过去了。而在危机面前，小孙并没有置身事外看热闹，而是本着公司的事就是自己的事的原则，勇敢而机智地避免了一场危机，受到了公司领导和同事的一致赞扬。

要把企业当成自己的家，把公司的事当作自己的事来做，这样才会让公司走向发展和兴旺，也让自己获得锻炼的机会，使自己更快地成才，真正地成为一名卓越员工。

5.我在为自己打工

很多刚踏上工作岗位的新人，或多或少的会有这样的牢骚：“老板给我的待遇太低了，薪水这么一点点，我才不会给他好好干呢。”“工作嘛，又不是为自己干，说得过去就行了。”“我反正是个打工的。”

这种“打工心态”其实是很危险的，它会使你工作起来没有热情，使你吝啬自己的劳动，丧失向上进取的精神，没有责任心，看着薪水干活，总认为是在帮人家赚钱，会认为干多干少一个样，会尽量少干，就连“门前雪”都不愿扫干净，觉得工作很累，没有劲头，不关心单位的利益，甚至与领导和单位的要求相对立、唱对台戏……这样的打工想法和行为，它将严重妨碍你的薪水提升、你的业绩提升、你的能力提升、你的职位升迁，它会葬送你人生想获得的一切美好的东西。

其实，如果我们仔细想想，工作到底是为谁干的呢？很明显，我们不是为老板，也不是为别人，而是为我们自己。工作让我们获得薪水，我们因此可以养家糊口，可以很好地生活；同时工作也让我们得到一个展示自己才华和实现人生价值的最好的舞台，让我们找到人生的意义；而且工作还让我们的生活多姿多彩，让我们结交朋友、增长知识、提高技能，让我们有一个更加美好和光明的未来……不论从哪个方面来看，工作都对我们自己有好处。也许有人会说，难道只是对我们自己有好处吗？难道我们的工作没有为公司带来利益吗？难道我们不是在为公司工作吗？是的，是的，你的工作确实为企业带来了利益，但最终，工作的最大受益者还是你自己。

如果认识不到这一点，那你的"打工心态"就很难去除，你也就很难有什么大的出息了，因为你只看到了每个月拿的薪水，根本看不到你的前途和未来。而一旦认识到工作是为自己做的，你的工作就会主动积极，你的进步自然很快，成就必然显著，升职、加薪、成就事业也就理所当然。

在美国，有一个年轻人取得博士学位后，却总是因为工作岗位与自己的学历不对口，每天都奔波在寻职的路上。最后，为了生计，他以大专的学历在一家制造燃油机的企业担任检验员，薪水比普通工人还低。

半个月后，他发现该公司生产成本高、产品质量差，于是他便主动说服公司老板推行改革以占领市场。

身边的同事对他说："你看你的薪水，你为什么要这么卖劲儿呢？"他却笑道："工作也不仅仅是为了薪水，我的工作还是我生命的意义。"

通过几个月的改革，企业的利润增加了几千万美元，而这个年轻人也顺利地晋升为副经理，薪水翻了几倍，能让他尽情施展才华的舞台更大了，他也干得更起劲了。

一个人如果总是为自己到底能拿多少工资而大伤脑筋的话,他又怎么能看到工资背后可能获得的成长机会呢?他又怎么能意识到从工作中获得的技能和经验,对自己的未来将会产生多么大的影响呢?这样的人只会无形中将自己困在装着工资的信封里,永远也不懂自己真正需要什么。

公司是员工成长中的另一所学校,我们现在的努力并不完全是为了现在的回报,更是为了未来;我们的工作绝不仅仅只是为了老板或是企业,我们的工作更多的是为了我们自己;工作所给予我们的,也绝不仅仅只有薪水。只有明白了这个道理后,才会真正抛开"打工心态",认真、努力、积极地工作,把企业的事当成自己的事,在企业的发展中成就自己的发展。

6.珍惜自己的工作机会

"今天工作不努力,明天努力找工作。"在就业形势异常严峻的今天,这早已不是一句调侃的话,而是活生生的生活写实。如果不努力工作,不珍惜自己得之不易的工作机会,那等待你的只能是"找工作"。所以,工作的机会,一定要懂得珍惜,这样才能让自己有更好的发展机会——如果工作的机会都没有,又何谈发展和前途呢?

20世纪50年代初,有一位叫柯林的年轻人,每天很早就到卡车司机联合会大楼找零工做。后来,一家百事可乐工厂需要人手去擦洗工厂车间的地板,没有一个人去应征,但柯林去了。有一次,有人打碎了50箱汽水,弄得满地都是黏糊糊的泡沫。他很生气,但却还是耐着性子把地板抹干净了,因为这是他的岗位职责。而他的这一举动恰好被公司领导看到了，第二年他便被调往装瓶部，第三年就升为了副工头。

许多年后，全世界的目光都凝注在他的身上——美国前国务卿柯林·卢瑟·鲍威尔。他在自己的回忆录中写道："工作是为了自己，只要你永远认真努力地去对待自己所从事的工作并把每一件事情做好，你一定会有所成就的。"

在漫长的人生中，每个人的大部分时间都是在工作中度过的。可以说工作就是我们生命的舞台，工作的成败就是我们人生的成败。我们只有像珍惜生命一样珍惜自己的工作，才能把工作做得尽善尽美，才能获得人生中的最高成就。

然而，在职场中，有很多的人却无视自己所拥有的美好工作，而去追求那些表面看起来很美好，实际却很虚幻的东西，直到失去本来所拥有的工作的时候，才懊悔不已。在这些人中，有些人总是觉得自己大材小用，总是对自己的工作充满了抱怨，总是认为自己应该干更重要的工作。同时还有一些人，总是抱着一副单位需要我、工作需要我的态度，却从没有想过，这个世界根本没有哪份工作必须你来做才能完成，而是你必须要有一份工作来维持你的生活，愉快地度过你的人生。

凤凰卫视记者闾丘露薇在谈到自己之所以不惧生死、不畏劳苦、忘我工作的原因时说："我现在最要紧的事情就是有一份稳定的工作能养我的家、我的孩子，供我的房子，然后我才能想一想我自己希望过的生活。"

从闾丘露薇的话中我们不难悟出，只要有了工作，我们才有生存的基础、生活的来源，才能热爱生活。如果我们连一份工作都没有，还谈什么理想，什么价值，什么人生追求？

然而在职场上，很多人都拥有一份令人羡慕的工作，但他们却身在福中不知福，不懂得珍惜自己的工作。有的人甚至把工作当成了包袱和负担，对工作抱着一种应付的态度，当一天和尚撞一天钟，得过且过。有的人尽管拥有舒适的工作环境和良好的工作平台，却没有把心思放在工作上，把精力用在岗位上，他们更多的是贪图享受，按月领取那份工资和奖金,对工作敷衍塞责,有的甚至还利用手中的职权去干一些损公利己的事。这样的人,迟早会被公司解雇或受到应有的处罚。

工作岗位是人生旅途拼搏进取的支点,是实现人生价值的基本舞台,也是企业给予我们的最好的展示自己才华和能力的舞台。只有珍惜岗位、珍惜工作,才能更好地在企业中成长,为企业作出更多、更大的贡献,为企业争光。

有一位姓刘的策划编辑,他的写作水平确实不错,但在工作中不珍惜岗位,总是心浮气躁,好高骛远,这山望着那山高,没有立足本职埋头苦干,当然更不会有什么成就感。每次见到别人做出了成绩,就会因羡慕而嫉妒,进而大发"英雄无用武之地"的牢骚,似乎自己没有成就,不是因为工作不努力,而是岗位不合适。

后来,一位领导将他放到某个重要岗位上,他竟因沾沾自喜而乐以忘忧,以至成天在"一杯茶水一包烟,一张报纸看半天"中消磨时光。至于人生的理想、奋斗的激情、进取的潜能、创造的才智,统统都在这种舒适安逸中慢慢泯灭殆尽,到头来,平平庸庸、无所作为。又过了一年,领导没看到他一星半点成绩,却总是在昏头昏脑地混日子,就将他辞退了。他当时苦苦哀求领导,让领导再给一次机会,但被领导拒绝了。可见,不珍惜岗位,实际上就是苟且偷安,敷衍人生,最终是对自己生命的浪费。

有人或许会说:重要的岗位容易调动人的积极性,而平凡的岗位很难让人产生敬业之情,不值得珍惜。但道理并非如此。就一个城市而言,没有人当市长是不行的;同样,没有人做清洁工也是不行的。想当市长的人很多,想扫地的人肯定不多。可是,市长只需要一个,清洁工却需要几千人,甚至几万人。即使这样,如果清洁工不认真工作,不珍惜自己的工作,他同样也会失去这一份工作。因为,你不珍惜你的岗位,自然就会有人来替代你。

现代社会是一个人才济济的社会,职场竞争更是残酷。每个人都希望自己能够顺利地找到一份理想的工作，但现实中很多人却事与愿违，在求职路上撞得头破血流。每个人在找工作时，可能会遇到各种障碍和麻烦。得到工作后，还可能会有不愿意干甚至是放弃。很多人工作稍不如意就跳槽，人际关系不行也跳槽，看到可以多赚些钱的工作跳槽，甚至没有任何原因就跳槽。这些喜欢跳槽的人，最主要的表现是不珍惜自己的工作机会，在他们眼里，下一个工作肯定比现在的好，一切问题都能以跳槽的方式解决。这样，跳槽者的工作就是跳槽。慢慢地，他们就失去了自我，失去了以前那种积极努力的工作精神，一有困难就退缩，遇到麻烦绕开走。出现这种状况是危险的，它表明，换工作并不能解决工作中遇到的问题，因为在任何工作中都会出现困难，以这种态度对待工作，只会毁了自己的大好前途。

王强是一家500强制药公司的经理，有MBA学位，在公司颇受器重，工作前途一片光明。但是就在他事业蒸蒸日上的时候，他跳槽了。

不过在新公司，“蜜月”还没渡完，王强就陷入了困境：新工作与自己的专长毫不相关；老板对他期望过高，因而数次交给他“不可能完成的任务”，下属因为他并没有像他们预期的那样出色而对他少了尊重，一段美好的“姻缘”很快走到了尽头。

频繁跳槽并不能从实质上改变我们的境遇，只有改变不良的现状，才能得到别人的青睐。王强是众多跳槽者中的一个，原有的工作机会不好好把握，热衷于跳槽，最终落得竹篮打水一场空。这不禁为热衷跳槽的人和准备跳槽的人敲响了警钟：60%的跳槽者在跳槽以后产生了挫败感，认为自己的跳槽是失败的。因而我们不妨珍惜自己的工作机会，在工作中证明自己。

当年，年轻的帕瓦罗蒂从师范学院毕业后，问他父亲：“我是选择当歌唱家呢，还是当老师？”父亲回答他说：“你如果想同时坐在两把椅子上，只会从椅子中间掉下去。生活要求我们只能选择一把椅子坐。”

同样,如果你不珍惜自己的岗位,好高骛远,这山望着那山高,到头来只会一事无成。也许你觉得自己的岗位很平凡,那么请你回头看看石油工人王进喜、公交车售票员李素丽……他们中的哪一个不是在平凡的岗位上做出了不平凡的事迹?“宝剑锋从磨砺出,梅花香自苦寒来。”没有辛勤的耕耘,又哪来丰收的喜悦?

因此,要学会把握现有工作,学会珍惜现有的这份工作,无论从事哪个行业都不要投机取巧,异想天开,要脚踏实地地去干好自己的工作,只有把工作做好了,才能抓住不期而遇的机会。用心认真做工作,也许不能比别人多拿工资,但会从中得到一些让自己进步的阶梯,会有一些意想不到的机会降临到你的身边,到时,获益的还是你自己。

7. 对公司负责就是对自己负责

为自己工作,对自己负责,树立工作是为自己做的观念,只有这样才能为公司创造价值。那么,怎样才算是对公司负责也对自己负责呢?

一个人一生的全部活动不外乎三个内容:生存,发展,享受。无论哪个内容的实现,都无法离开职业生涯的帮助。人需要在工作中寻找归宿和价值,实现其理想。工作可以满足个人,让人快乐。作为一个劳动者要能够这样想,企业给了你工作,你成为其中的一员,担当了一份职责,你只有做好本职工作,才能享受到劳动的成果——安身立命、养家糊口、实现自我、体验快乐。所以,对待工作要有主人翁心态,每个人工作不是为了别人,而是为了自己。

既然工作是为了自己,那在公司工作对公司负责也就是对自己负责了。所以说,人生中最大的责任是对自己负责,唯有对自己负责的人,才对得起自己，有益于社会。只有勇于对自己负责的人，才能勇敢地面对生活，才能永不松懈地追求上进，才能持续不断地努力完善自己，才能把工作干得更好，才有利于公司的发展壮大。所以，我们必须对自己负责，树立工作是为自己做事的观念。

对那些在工作中马马虎虎，认为差不多就行的人；对那些缺乏工作激情，总是推卸责任，不知道自我批评的人；对那些为了一己私利而损害公司利益的人；对那些总是挑肥拣瘦，对公司不满意的人，对那些不思进取、安于现状的人，最好的救治良药就是大声而坚定地告诉他：选择了这家公司，你就必须接受他的全部，担负起天经地义的责任，而不是仅仅享受他给你带来的利益和回报。

因为，在众多企业中，你选择了现在的公司，同时公司也接受了你，这是双方的选择。就像两个人结婚一样，既然相互选择，就得风雨同舟、患难与共、相偕相伴。每个工作环境都不可能是十全十美的，我们不能只是看到环境的缺点，满腹牢骚、郁郁寡欢，而是要发现问题积极解决，努力利用工作中的许多宝贵资源和经验，如失败的沮丧，自我成长的喜悦，温馨的工作伙伴等等。这些才是我们应该体验的感受和具备的财富，也只有这样我们才能有所作为。在工作中，如果有员工对公司的管理以及自己的待遇等提出了一些意见与建议，然而他们都没有把这些情绪带到工作中去，在工作上仍然是兢兢业业，踏踏实实，认真做好自己的本职工作，同时他们的建议也有利于公司的长远发展。那么，他们就是一种对公司负责、对公司忠诚、对自己负责的态度，他们就值得我们很好的尊重。

什么是责任？责任就是对自己所负使命的忠诚和信守，是忘我的坚守，是人性的升华。在这个世界上，没有不需要承担责任的工作。工作就意味着责任，丢掉责任就意味着丢掉工作。工作和责任是密不可分的，在工作中表现优秀的人往往都是那些有强烈责任感的人，在市场上生存得好的企业，也往往是那些有责任感的企业。工作是为了自己，而不是别人，正因为工作是为了自己，所以就不需要别人来监督。你若不想做可以找一个借口，你若想做就可以找一个方法。所以，每位员工都必须与组织紧密联系在一起,都应该具备强烈的组织认同感和归属感,只有每个人献出自己的使命感与责任感,群策群力,集思广益,企业才能够焕发活力,顺利健康地向前发展。

怎样负责？首先要把你独特的个人价值体现出来。一个公司发展的决定因素是人,个人品牌就是个人在工作中显示出的独特价值。它就像企业品牌、产品品牌一样,要有价值、要有知名度。初入职场的人,还没有个人品牌,只有在工作中,以自己的努力和特有的价值获得认可,才能被业界认同,个人品牌一旦形成后,就具有了一定的品牌价值。企业如果有了品牌,它做任何事情就会相对容易一些,个人一旦建立了品牌,工作起来就会事半功倍。

无论我们从事什么职业,都要把它看作是自己的事业,把自己看做是一家公司,而自己就是这家公司的经营者。我们应该把工作当成磨炼自己意志的场所,培养自己获得成功的力量。工作是实现自我的需要,公司又恰恰是你施展才华的舞台。在企业竞争激烈的今天,如果与公司共命运的理念,能够根植于每个员工的心里,而不是将这一誓言仅仅贴在每一个公司的墙壁上。那么,我们的企业就会创造出惊人的业绩,我们的员工就会激发出极大的潜能。作为一名员工,如果不能主动与公司同步成长,不但会使公司的发展受到制约,而且最终难逃被企业淘汰的命运。作为一名员工,我们应加倍努力工作,不断克服困难,迎接新的挑战,在工作中不断学习,提高自己的业务技能,适应公司快速发展的要求,与公司共成长。公司的发展与成长是我们的幸福,我们的提高要以公司成长为依托,我们的提高是公司发展的基础,一荣俱荣、一损俱损。

在职场中,我们经常可以见到这样的员工,他们在谈到自己的公司时,使用的通常都是“他们”而不是“我们”,这是一种典型的缺乏责任感的表现,这样的员工至少没有一种“我们就是一个整体”的认同感和归属感。的确,一个人究竟属不属于一个企业,并不仅仅在于他是否在企业工作,关键要看他有没有归属感,他的心在不在企业,他有没有为企业负责。

对公司负责就是对自己负责。意识到这一点,努力在工作中做到这一点，以它为动力去战胜困难、去完成任务，那么你就是让公司真正放心的金牌员工！公司就是你的船，我们应该学习老板的敬业精神和企业家精神，像老板一样为公司着想，在工作中付出热情，增强责任感，忠于公司，融入团队，为公司远景的实现贡献自己的激情和才智。

什么样的人，才是“对自己真正地负责”？一个对自己负责的人，他的身上一定会有三个重要的特点：信守承诺，结果导向，永不言败！

在中国历史上，刘备本来是一个破落贵族的后代，但他懂得通过广施仁德、远播贤名，使之文有卧龙、凤雏辅佐，武有关、张、赵鼎力相助，逐步实施三分天下的战略方针。最终，他以一介织席贩履的庶民，成为开创蜀国大业的一代君王。

在这三国争霸的过程中，刘备为何实现了他的霸业？因为他信守承诺，因为他永不言败，因为他对自己负责！

所以说，对公司负责就是对自己负责，任何一名员工，在享受公司给自己带来荣誉的同时，也不要忘记对公司的责任和使命。

8. 在利益面前先公后私

何谓先公后私？先公后私要求我们每一个员工在处理个人、企业和国家之间的利益关系时，要树立先国家、企业，后个人的道德规范，在谋求个人正当利益的同时，努力为企业和国家作贡献。企业可以通过企业文化，培训和提高员工的爱岗敬业精神，加强他们的“团队精神”。其要点是以企业的核心价值观、道德观，来优化人力资源配置，在方法上不能仅依靠单方面的“灌输”的“教育”，应当养成员工自己对事物的判断能力，企业应着力培育员工崇高的道德风尚，用以提高人力资源配置的水平。

无论我们充当一个什么社会角色，要在社会上站住脚，都必须把公字放在私字前边，这是一条基本的为人原则，对于职场人更是如此，有时甚至要公而忘私，奋不顾身。若把私字放在前边，患得患失，斤斤计较个人利益，大家觉得这家伙不可靠，有能力也不行，大家会敬而远之，客客气气把他放到一边。他若是没有能力，大家干脆就对他不客气了。古时候的诸葛亮、郭嘉先公后私、公而忘私，乃至奋不顾身，才被上级托以军国大事，才被下级甚至后人敬仰。“周公吐哺，天下归心”，周公忙得吃一顿饭也不得安生，可见他日理万机，先公后私，公而忘私，他没累死，也得到后人敬仰，甚至视他为神人了。

在日常工作中，我们要尽力多做点工作，为上级分忧，为企业做贡献，为下级谋福利，甚至不要太珍惜自己身体了。亲戚朋友来了，或有其他个人应酬，不要耽误上班，不要说反正上班也没有要紧事。公事虽小，也应视为大事。不要因为自己吃饭或其他小事而让同事、下级等得太久。个人有事尽量少麻烦单位里的同事，不要把下级当作家臣，公家的东西不要轻易挪用。比如自己老婆孩子用公家车，单位员工见了心理不平衡，工作就会不顺利，若自己体会不到员工的心理，感到理直气壮，该用，那就更不对了。发现单位有点儿临时工作，不要说这不是我的事，要主动去做，领导找你你再去，已经次之了。若领导掂量了一下，去找别人，不愿去找你，你离麻烦就不远了。

在工作中先公后私的典范大有人在，《三国演义》中就有不少事例。比如孔明至东吴时，当时舌战群儒已毕，未拜其兄，被诸葛谨遇见，问：“贤弟到江东，如何不来见我？”孔明说：“公事未毕，不敢及私，望兄见谅。”诸葛亮公私分明，先公后私，甚至公而忘私，如此人品、官品，受到刘备无限信任。白帝城托孤，被委以军国大计，此后蜀国大事皆决于孔明。他在此后仍然表现了如此品格，最后积劳成疾，病逝于北伐前线，赢得了蜀国上下敬仰，流芳百代。

现在的企业，人们的普遍心理是：员工和老板天生是一对冤家。即使偶尔彼此关心一下，也让人觉得有点假惺惺的。人们常要求老板多为员工着想，这是站在员工的角度来考虑的，而员工似乎就很少有理由要为老板着想了。其实，作为员工，应该明白，对于自己和公司来说，一荣俱荣，一损俱损！没有公司哪有自己的容身之地、发展之机？

2008年9月15日，美国华尔街巨头雷曼兄弟控股公司申请破产，引发全球罕见的金融海啸。而最绝望的莫过于雷曼的数千名员工，因为企业破产倒闭，他们全部失去了工作。

这些员工都是华尔街的精英，不论是交易员、会计师或私人股权基金经理，每个人都很有才华，本可以在华尔街大显身手，但企业破产了，再有才华的员工也失去了安身之所，只好再去从头开始寻找新的工作。许多员工因而极度沮丧，甚至抑郁自杀。

企业就是员工的船，船沉了，哪还有员工的发展和前途呢？这样的道理，相信谁都明白。所以，要把企业的利益放在第一位，时时处处为企业着想。一名优秀的员工首先应该把公司利益放在第一位，无论何时何地，都要最大限度地维护公司的利益，任何时候都以公司的利益为重，才是尽职尽责的好员工。

维护公司利益是一个员工必须恪守的基本职业道德。毫无疑问，一个企业更倾向于选择一名能够时刻以企业利益为重的员工，哪怕其能力在某些方面稍微欠缺一些。一名员工固然需要精明能干，但再有能力的员工，不以公司利益为重的都不能算一名负责的员工。

在正常情况下，大多数员工都能够做到以公司的利益为先，但是当公司的利益和个人的利益冲突时，当坚持公司的利益可能给个人带来潜在的损失时，你是否还能够坚持以公司利益为先呢？

丛林里有一只九色鹿，他的住址只有他的好朋友乌鸦知道。一天，他在河边听见救命声，于是他奋不顾身跳下水救人。那人非常感动，答应九色鹿不说出他的住址，因为说出来九色鹿就有被人杀头剥皮的危险。那天晚上，王后梦见了九色鹿，她要国王必定要捉住九色鹿。于是国王就贴

出布告,悬赏巨金捉拿九色鹿。那个被九色鹿救起的人财迷心窍,说出了九色鹿的住址。国王捉住了九色鹿,他毫无惧色。他在国王面前跪下,说:“国王,我想知道你是怎么找到我的。”国王指着告密人说:“是他。”那人就是九色鹿救起的那个人。九色鹿怨恨地说:“我救你的时候,你发誓不出卖我,现在你全忘了吗?”国王激动地说:“九色鹿啊!你虽是四脚动物,却有慈悲的心。而你眼前的人,却是禽兽不如!”

为了一己私利而置德义于不顾的人,是有失人格的人。这类人定会为人所不齿,遭人鄙弃。而在竞争激烈的职场,谋求个人利益是天经地义的。遗憾的是许多人没有意识到个人利益与忠诚和敬业并不是对立的,而是相辅相成的。于是他们以消极懈怠的姿态对待工作,频繁跳槽,觉得自己的工作是在出卖劳动力;他们蔑视敬业精神,嘲讽忠诚,将其视为老板盘剥、愚弄员工的手段。他们认为自己之所以工作,不过是迫于生计的需要。最终,他们也在这种心态中走向平庸。

对于一名把公司的事当成自己的事的员工来说,时刻以公司利益为先已成为他们的一种高度的自觉行为,企业利益与他们的责任心已经紧密地联系在了一起。在公司中我们经常会遇到这样的情况,你本应当站在公司的立场上说出自己的想法和见解,或是你本应该从公司的利益出发来实施某些措施,然而因为你的立场和措施可能会改变公司长期存在的一些习惯,甚至会触犯他人的既得利益,所以你不得不放弃自己的立场,取消措施的实施。甚至可能你就是那个因为不愿意改变现状或不愿意失去现有利益而反对某些好措施的人。

有人做过这样的总结,凡怀有先公后私、先人后己人生目的的人,在处理各种利益关系时,都会:

A. 主观为自己,客观为他人;

B. 愿意多做贡献,少取报酬;

C. 先企业后个人,先他人后自己;

D. 只有企业利益,没有个人利益;

E. 以企业利益为先，并在此前提下获取个人利益。

如果这样想，也这样做了，企业肯定会发展壮大，而员工也必然会从中受益。每一名员工都应该明白，自己的工资收入完全来自公司的效益，因此，公司的利益就是自己的利益。先公后私，先让企业得利，自己才最终有利可图。"大河有水小河满，大河无水小河干"，说的就是这个道理。因此，替老板想着公司的利益，实际上就是替公司想着自己的利益。

9. 企业兴则员工兴，企业衰则员工衰

企业一步步走过来，不断成长壮大，对员工的自身事业发展与素质的提高有着至关重要的影响力。员工自身发展的根本，在于企业。所谓"企业兴，则员工兴，企业衰，则员工衰"，便是这个道理。一个优秀的企业是促进员工自身发展的原动力，无论是企业性质、企业素质、企业风格、企业"魂魄"乃至团队气势、员工精神都是企业兴旺发达必不可少的，而这些也为员工的发展提供了一个良好的成长环境，因而作为员工的我们，必须把企业作为自己的家，树立责任意识，为企业的发展，为自身的发展，发挥自己的聪明与才智。

员工应该将企业发展作为自身发展的大计，这是一种责任、一种与企业同呼吸、共命运的责任。从员工加入到企业的第一天起，员工的命运就已经与企业牢牢地联系在了一起，企业兴则员工兴，企业衰则员工衰。"大河无水小河干"，只有企业发展了，员工才能得到更大的满足，而认真执行分配给自己的任务，高效完成，心系企业，每个人都这样做了，那企业何愁不发展？个人的事业何愁不成功。

企业与员工本身就是利益共同体，只有企业获利，员工才会最终获利。作为一名员工，如果一面在为企业工作，一面在打着个人的小算盘，

是无法让公司赢利的，而员工个人的利益更无从谈起。只有大家齐心协力把公司做大了、做强了，员工的利益也就有了。阿里巴巴的“造富神话”就是一个最好的范例。

1999 年，阿里巴巴在杭州成立，当时只有马云和他的“十八罗汉”。八年后的 2007 阿里巴巴在香港成功上市，成为中国最大且首家市值突破 200 亿美元的互联网公司。当日报收于 39.5 港元，较发行价 13.5 港元大涨 192%。

一夜暴富是每个人的梦想。但对阿里巴巴的创业者来讲，这个梦想在上市的当天已经实现了 99%。

根据公司招股说明书，阿里巴巴集团有 4900 名员工持有阿里巴巴上市公司 4.435 亿股股份，平均每人持股 9.05 万股，以收盘价 39.5 港元计算，这些员工平均身价已经超过 300 万港币。

据了解，阿里巴巴基本上是按照员工在公司的工龄长短来确定股份数量，基本上是每待满一年递增 1 万股左右。另据了解，目前在阿里巴巴工作五六年以上的员工不过 300 来名，2007 年之前公司员工才不过 4000 余人，也就是说从 2002 年到 2006 年年底，公司新增了 3700 余名员工，平均每年新增 700 余名。如此算来，在 2005 年以前进入公司的员工至少都能分到 3 万股阿里巴巴股份：这么大范围的员工“造富”纪录堪称中国之最。此前，百度上市创造了 8 位亿万富翁，50 位千万富翁，240 位百万富翁。

锅里有了，碗里自然就会有。企业强大了，员工的待遇又何愁？只要企业兴旺了，员工当然也会兴旺。企业兴则员工兴，阿里巴巴用事实再次证明了这个道理。

当然企业的兴不是说兴就兴的，而是需要所有的员工共同努力、甘心奉献才能兴旺的。阿里巴巴创业之初，员工的工资相对于同行业而言，低得不敢相信，但是马云和他的“十八罗汉”都没有退缩，没有怨言，而是兢兢业业地干，才有了阿里巴巴惊人的效益，才有了八年后的辉煌。

效益是企业永恒的主题，关乎效益的最直接因素就是成本，所以，要使企业兴旺，追求效益是至关重要的。效益要高，成本就要低，因而，作为员工，时时刻刻想着为企业节约成本，节约开支，也是助企业发展和兴旺的重要方面。许多企业之所以兴旺，都与他们竭尽所能降低成本和勤俭节约密切相关。比如奇瑞就是这样。

对许多汽车厂家和汽车消费者而言，奇瑞的迅速崛起始终是个未解之谜。一个后起的民族品牌，仅仅用了 17.52 亿元就形成了年产 30 万台发动机和 15 万辆整车的生产规模；2001 年年初获得轿车生产许可证，当年便销售 5 万辆轿车，盈利 5 亿，成为公认的车坛“黑马”；2002 年的产销量双双突破 5 万辆，在国内汽车市场的占有率达到 4. 4%，成功跻身国内轿车行业“八强”之列；在车市一度低迷之际，奇瑞风云系列轿车一上市就创下月销售 6000 辆的纪录，令人交口称赞。

年轻的奇瑞之所以能够获得如此优异的成绩，最具竞争力的优势就来自于：成本管理上。

为了降低成本、节省投资，奇瑞在建厂之初就制订了“整体规划，分步实施，速建设，滚动发展”的原则，最大限度控制运营成本，节省投资总量。从建厂到现在，奇瑞一直使用自有资金发展，强有力的投资控制体系大大降低了投资成本。事实上，奇瑞建厂仅花费 17.52 亿元人民币，是国内其他中级轿车项目投资 1/6～1/5。投资减少了，分摊到每台车的成本就大大降低了，车价自然就便宜了。公司全部以参股的方式融资，没有一分钱贷款，避免了巨额付息及还本的沉重压力，消除了后顾之忧，自然也就没有这方面的成本要“转嫁”到消费者头上了，从而实现了同行业无法企及的低成本优势。

为了最大限度地控制运营成本，奇瑞在确保设备质量和工艺需要的前提下，随产量的增长而有序增加设备的采购。这种滚动投资的方式既节约了一次性固定资产的投资，又减少了设备闲置折旧损耗。奇瑞在物资采购上坚持"货比三家，质优价廉"的原则。公司在项目建设之初便制订项目招投标制度，推行阳光工程。在付款程序上，奇瑞严格按照实际完成的质量进度和技术要求等一一审核后方签字支付，大大节省了投资，保证了项目的健康发展。

另外，在人员管理上，奇瑞一律实行聘用制，根据员工的工作表现和素质高低，分为短期聘用和长期聘用。在中层干部聘用上，奇瑞则实行一年一聘，并实行流动管理，按优秀、较好、一般、较差四个层次进行滚动考核，同时推行末位淘汰制。这些大大增强了员工的危机感，提高了工作效率，降低了人员成本。

奇瑞副总经理尹同耀曾骄傲地说："我们每天都在降低成本。"这是一个事实，更是一种意识。奇瑞推出"六个一工程"。其中一个"一"，就是"我为公司节约每一分钱"。在奇瑞，处处可见精打细算、点滴节约、降低成本的实例。比如，奇瑞每年加工剩下的钢材边角废料高达3000多吨，奇瑞人并没有把它当废料卖，而是用变废为宝的思路对废钢铁大做文章。如果简单把钢材的边角废料当废料卖，1吨最多卖600多元，但它们把边角余料进行分门别类整理，能再利用的就利用，不能再利用的实行分类定价、公开招标，其中最高的1吨卖到了2700元，为废料利用、降低成本找到了一条可行的捷径。除此之外，为解决各部门使复印机价钱贵、维修管理费用高的问题，奇瑞采用了租赁而非购买的方式来统一管理。就这样，奇瑞通过公司上下全体人员的共同努力为公司节约，使奇瑞获得了市场，赢得了巨大的利润。

然而工作中很多员工都存在这样一个认识误区：钱是企业的，不花白不花，何必为企业着想呢？在他们的意识中，即使浪费了，也是企业的资源，和自己没有关系；疏忽了也是损害企业的利益，对自己没什么影响。而对于振兴企业，他们总是抱着一种无所谓的态度，平时在工作中也总是大手大脚，随意地浪费各种办公用品或产品原料，严重损害了企业的利益，有的人甚至损公肥私，给企业造成了无法挽回的巨大损失。这样的企业，如何快速发展？这样的员工，也是不可能有所成就的，因为企业不兴，他们从何而兴呢？

企业与员工是一个共生体，企业兴，则员工兴；企业衰，则员工衰。企业是员工施展才华与体现自身价值的平台，没有了这个平台，自然会是“英雄无用武之地”了。所以员工要与企业同命运，也就有了共同的目标，才能互相促进，互相监督，共同发展。如果没有共同的目标，企业找不到发展的方向，只会是忽左忽右地寸步难行，更谈何发展。

员工责任意识是企业发展的基础。企业的发展不只是走上市场后的竞争力，更取决于员工的责任意识。企业的每一个环节都需要有尽职尽责的员工来实现，将所有的环节汇集在一起才能成就一个企业的成功。富有责任感的员工不仅会按部就班地完成职责范围内的工作，还会尽力将自己的工作做到更好，更完美。如果有更多这样的员工，那企业将进一步发展壮大，迈向成功只是迟早的事情了。

第二章
把企业比作船，我是桨手

有人说，企业如同一条船，它时而在风和日丽的水面上徜徉，时而遇到惊涛骇浪的考验。保证这条船平安穿越风浪的要素不仅仅有结实的船体，更要靠从船长到所有水手同舟共济，与风浪拼搏的精神。企业员工应努力做一名合格的桨手，不仅要在风雨来袭时坚守岗位，风平浪静时也能将最大潜力发挥出来。因此，无论是国外还是国内，建立一个真正能够风雨与共的企业组织，是每一个经营者的梦想，从前是，今天也是。

1.公司就是你的船

一个公司,只有每个人都能做到"公司兴亡,我的责任",这样的公司才能真正取得胜利,并且能够永远领先于别人。因为,如果公司的每个员工都能主动负责,天下哪有不兴盛的公司?哪有不团结的组织?所以说每个职员都应该把公司看成是自己的船。

纽约最著名的纺织品公司费特曼公司将自己的企业比作一条冰海里的船。在这个公司,无论是办公室,还是生产车间的墙壁上,到处都可以看到这样一幅招贴画,画上面就是一条即将撞上冰山的轮船,在画面下面写着一行十分醒目的字:"只有你,才能挽救这条船。"这个公司多年来都经营得特别好,员工待遇也相当高,是什么原因?就是因为这个公司所有的员工一直以来都与公司共命运,他们知道,掌握公司命运的不仅仅是董事会成员,也包括他们自己。

如果说公司是一条船的话,那么从我们登上公司之船的那一刻起,我们的命运就和这艘船捆绑在一起了,这艘船就是我们共同的船。船的命运就是我们的命运,船的未来就是我们的未来。如果哪一天,船在航行的过程中倾覆了,我们所有的人就会葬身大海。船能否正常行驶与我们每一个人的生死攸关。因此,我们必须把自己的未来交给自己的船队,也必须使它变得更加强大。

本福尔德号是美国海军一艘价值10亿美元的导弹驱逐舰,装备着最现代化的导弹系统,它的雷达甚至可以精确追踪到80千米外一个海鸟大

小的目标，而它的时速也达到了惊人的55千米/小时。尽管这是世界一流的军舰，但船上的水兵士气消沉，很多人都想赶紧退役，早日离开这个地方。

但是，两年以后，这种情况彻底发生了改变，全体官兵上下一心，整个团队士气高昂。本福尔德号变成了美国海军的一艘王牌驱逐舰。

舰长迈克尔·阿伯拉肖夫用什么魔法使得本福尔德号发生了翻天覆地的变化呢？

当上舰长之后，阿伯拉肖夫立刻意识到了，要想改变这种情况，他必须首先改进自己的管理水平。在短短的二十几个月里，阿伯拉肖夫为美国海军造就了一支充满自信、同舟共济而且极富责任心的团队。在这个过程当中，他最常用的口号就是：这是你的船！

阿伯拉肖夫对士兵说："这是你的船，所以你要对它负责，你要让它变成最好的，你要与这艘船共命运，你要与这艘船上的所有人共命运。所有属于你的事，你都要自己来决定，你必须对自己的行为负责！"

从那以后，"这是你的船"就成了本福尔德号的口号，所有水兵都认为管理好本福尔德号就是自己的职责所在。在这种主人翁精神的感召下，船上所有成员都尽心尽力地做好每一项工作，努力把本福尔德号打造成最好的船。

对于员工来说，公司就是你的船，一荣俱荣，一损俱损。日本著名企业家松下幸之助说："我的员工要像企业家那样思考，不能只像个被雇来干活的人。"一个员工，只有把公司当成一条与自己命运息息相关的船，像企业家一样思考、工作，才能提升自己的能力，打造过人的业绩。

不管你是一个杰出的管理者，还是一名普通员工，都应该义无反顾地为这艘船而工作，而付出。你也会从远航中得到许多的财富，不管是物质上的还是精神上的，公司都会给你相应的奖赏。当然，奖励可能不会马上兑现，但它一定会来，只不过兑现的方式不同而已。

远行公司将一家扬帆公司吞并，成立了旗舰公司。在旗舰公司中，远行、扬帆两家公司的员工在相互合作时出现了问题：远行公司员工认为自己所在的公司比扬帆公司优秀，所以才能将其吞并，继而以胜者的感觉歧视扬帆公司的员工；扬帆公司的员工则因自己所在的公司失败被吞并的事实，内心产生了极大的自卑感，工作提不起精神。

突然有一天原远行公司的老总召集旗舰公司的所有员工开会，会上这位老总讲了一段故事：在一望无际的大海上，行驶着两条船，这两条船都已经不同程度的有了破损，然而却还是坚持不懈的继续寻找陆地以求生存。由于路程的艰难，B 船由于重创沉没了，B 船的人为了求生，来到了 A 船上，这时 A、B 两船人面对的问题还是原有的寻找陆地以求生存，于是 A 船与 B 船的人同心协力而后终于找到了陆地。听完故事后，旗舰公司所有的员工都认识到了自己心中的问题，自此以后远行、扬帆两个公司的员工不再因为心中的感觉而延误任何工作了，企业也进入了快速发展的阶段。

企业就是一条船，在波澜起伏的市场海洋里，若没有企业亦没有了船，船上的人亦无法生存。是企业这条船上的人，就应该把企业看成是自己的船，就该以主人翁的态度对企业负责，就应为企业的生存所考虑，不要过多地考虑自身的利益，不要让“船”沉没。

公司就是你的船，实际上更是一个全体员工生存和发展的平台。公司中的每个人，无论是老板，还是员工，都是在这个平台上履行着自己的职责，发挥着自己的作用。任何人离开了这个平台，就如同演员离开了舞台，无法施展自己的才华。

许多员工认为自己只是一个打工者，与公司只是一种雇佣与被雇佣的关系，把公司仅仅当成是一个完成工作的地方，甚至有意无意地将自己置于与老板对立的位置，这种心态和认识对于一个人的职业发展是十分不利的。

美国一位年轻的铁路邮递员和其他邮递员一样，用陈旧的方法分发着信件。大部分的信件都是这些邮递员凭不太准确的记忆捡选后发送的。因此，往往许多信件会因为记忆出现差错而无谓地耽误几天甚至几个星期。于是，这位年轻的邮递员开始寻找新办法。他发明了一种把寄往某一地点去的信件统一汇集起来的制度。就是这一件看起来很简单的事，成了他一生中意义最为深远的事情。他的图表和计划引起了上司们的广泛注意。很快，他获得了升迁的机会。五年以后，他成了铁路邮政总局的副局长，不久又被升为局长，从此踏上了通向美国电话电报公司总经理职位的路途。他的名字叫西奥多·韦尔。

职场上有很多人都像这位邮递员一样，将公司看成自己的船，认真对待自己的工作，因而成功总是青睐于他。相反，有的人仅仅把公司当成一个完成工作的地方，工作也只是为了自己的那份薪水，他们总会盘算：我为老板做的工作应该和他支付给我的工资一样多，只有这样才公平。这种短浅的目光不但使他们的工作充满了痛苦，也会使他们丧失前进的动力。

公司是员工生存和发展的平台，真正优秀的员工都把公司看成是自己的船——一个实现自身价值的地方，始终与企业站在同一个立场上，自觉地维护公司的利益，建设和发展公司这个平台。这样，公司越来越大，越来越好，就能为员工创造更多的机会，提供更大的发展空间。

2. 不做乘客，做一名好桨手

企业是一艘船，作为员工的我们可能是乘客，可能是桨手。在巨浪滔天时，乘客只会紧抓船沿，尽量让自己不被甩入水中，而桨手却凭借自己的智慧，控制船的速度，让船在自己的掌控下平稳前行；在浏览路途时，乘客只会随波逐流，听之任之，而桨手却掌控船的航向，向自己梦想的风景前行。职场的精英，都是优秀的桨手，时刻提醒自己在企业的发展中，奋力拼搏，掌握职场生存技巧。所谓"不想当将军的士兵不是好士兵"，因而在职场中，必须要有成为一个桨手、领导者的信心和勇气。

那么职场中的我们，在公司这艘船上，我们该怎么样做一个掌握公司命运的桨手呢？

第一，要做企业的主人。领导者和每一名员工一样，都在为企业的发展而工作。同样，每一名员工也和领导者一样，都是企业的主人。因此，不管领导者在不在，不管公司遇到什么样的挫折，优秀的员工都应当同领导者一起全力以赴，主动帮助公司创造更多财富，这就是做主人的心态。

在职场中出类拔萃的秘诀在于：把公司当作你自己开的船，丁·彭尼曾经说过："为我工作的人都得具备成为合伙人的能力，要是没有这样的潜力，我宁可不要。树立为自己打工的信念，把公司当作自己的产业，能够让你拥有更大的发挥空间，掌握实践机会的同时，也能够为结果负起责任。"

只有高度的主人翁心态，才能对自己所做的一切更加认真和负责，才能在任何时候都把企业的事当作自己的事，对自己的所作所为负起责任，并且持续不断地寻找解决问题的方法，自然而然的，你的表现便能达到崭新的境界。挑战自己，为了成功全力以赴，并且一肩挑起失败的责任。不管薪水是谁发的，最后分析起来，其实你的老板就是你自己。

第二，要对工作充满热忱。这是每一位桨手所具备的非常重要的特质。桨手的能力非常重要，他的能力会影响企业的发展航向与速度。同样，员工对待事业的热情，有时也会对企业的发展起到很大的吸引作用。

人和人之间的影响和带动非常重要。销售是信息的传递和情绪的转移，如果一个销售人员把对产品、对公司、对领导、对自己的极大热忱，完全地传递给顾客，顾客就会采取投资购买行为；如果作为员工的你想成为一个领导者，你对工作的每一个步骤都非常热忱，影响和带动了你周围的人。他们就会跟随着你，这就是一种群体效应。

第三，要有自我负责的精神。无论是工作还是生活，永远需要最负责任的人。人生最美好的结果，由最正确的决定开始，最正确的决定又开始于最正确的思想。所以你要对一件事情的结果负责，最重要的是，你首先要对你的思想和态度负责，因为思想不同，态度不一样，做出的决定也不一样。对于企业而言利润的产生来自于每一个人的努力，无论是老板还是员工，都是企业发展不可或缺的重要组成部分。

在日本，东京有一家公司想在银座盖一座办公大楼，几经寻觅地点，好不容易找到一处适当的空地，却发现这块地属于一位乡下老太太。于是公司派副社长带着厚礼登门拜访，企图说动她卖地。谁知一连几次登门，老太太总是不允诺，副社长深感懊恼。而老太太这边也受不了这个困扰，决定直接到东京一趟，和社长当面说清楚，坚持她不卖的立场。

这是一个寒冬的清早，老太太出发了，当她到达这家公司时，才发现来得太早。她正想往外走的时候，碰见了公司里的员工。这位员工看见老太太，很亲切地主动打招呼，看见老太太的大衣被霜雪浸湿了，便拿干毛巾来帮她擦，还请她进办公室烤火、暖身。

老太太深受感动，她想，这位员工和我素昧平生，为什么待我这么好？一定是这个老板待人很好，所以员工才这么尽心对待公司，想着想着，她当下改变初衷，把土地卖给了这家公司。在一个重大项目上，一名普通的员工竟然有着比副社长更大的影响力，由此可见，责任无处不在。无论老板还是员工都应当树立自我负责的精神，把公司的发展视为自己不可推卸的责任。

第四，要有成功的决心。成功学大师安东尼·罗宾认为，做任何事情，想要成功的话，永远有五个字，即“我要，我愿意”。老板之所以能够取得事业上的成功，一部分原因归功于他们一定要取得成功的决心，另一个重要的原因就是他们坚持用自己的努力换取结果，而从不为自己的行动寻找借口。

大多数人只是想要结果，不愿意去努力。有相当多的人会选择借口，而不是选择努力。事实上，你不能成功的借口，你不能做好的借口，都可以转化成为你恰恰要做好的理由。

总之，企业是我们自己的船，我们要有领导者的心态与勇气，做自己事业的桨手，从而推动企业的快速发展。

3. 克服工作懈怠，随企业远航

企业中经常会有那么一部分人，始终说自己很忙，但是你却发现上班踩着钟点，下班跑得最快，班上喝着茶水、看着报纸的人，往往就是他们。最成问题的是一件小事儿他能给你拖上一周，当然“责任”不是他的，因为他已经“安排”过了，是第三方出了问题，没有能够按时交差！更有甚者，将办公室作为“网吧”进行 QQ 聊天与网络游戏，当然，如果是个别行为也就罢了，就怕这些人集体“炒股”，那就热闹了，办公室马上就会变成“证券大厅”！这就是员工缺乏敬业精神、懈怠工作的表现。

身在职场，有相当一部分人对每天应该完成的工作不清楚。即使他们手头上工作的进度比事先计划的延迟很多也浑然不觉。他们往往以“今天没有心情”、“今天偷懒一点没关系”等为借口，把今天的工作向后推。久而久之，这样的人就会对工作懈怠，职场危机也就会不请自到。

企业是属于我们的船，工作中的我们则是桨手，而上班便是奋力的划船，如果我们懈怠划船，那么企业这艘大船只会不进则退，无法开拓航行的新里程。

小旭近来委靡不振，工作质量差，三天前，被头儿在季度考核表上打了不及格，小旭气哼哼地扔下一句："我早就不想干了！"转回家中，旷工至今。

"上班没劲，每天早上想起又要上班，就特别烦，干什么也提不起精神，遇上点儿麻烦事就想发脾气，或者扔在那儿不管。一下班，不想工作上的事，情绪就好了。"这是小旭上班中的表现。

小旭染上了工作懈怠感。其实，大多数人都经历过。工作懈怠是指对工作内容本身和工作环境失去激情、兴趣，产生无法克服的心理倦怠，强烈地希望逃避工作现状。工作中一点儿小事引起大冲突、很想换工作、没精打采、责任心下降等，都和工作懈怠有关。

工作懈怠的表现主要有：失去工作激情，没有成就感，不愿承担责任，推诿，感觉压力大，抱怨多，情绪低落。

工作懈怠的负面作用比较多，于公：团队士气低落，消极情绪相互传染，工作效率和质量不高；于私：没有上进的动力，影响考核业绩和人际关系，而且不快乐，偏离快乐工作的真谛，对健康不利。

工作懈怠容易发生在工作时间已经较长的环境里，有时也会在新换的单位里出现。产生的原因主要有两个：一是因重复而导致失去新鲜感和挑战；二是得不到认可，失去信心。工作着的人常被工作懈怠困扰，不妨尝试如下七种处方：

1. 为内心驱动力输氧，激荡起将要熄灭的激情之火。激情决定工作状态，满怀激情的人面临重重困难、压力大、睡眠少，精神状态却能够保持得很好，这样的例子随处可见。自己激发激情不容易，但要想办法去做。

2. 最有效的解决办法：调整目标和心态。工作懈怠喜爱黏上目标较高、追求完美、不墨守成规、向往新奇的人。一般在创业时期、进入崭新环境、迎接重大挑战时，人们没有工作懈怠的工夫和感觉，也不计较苦累。进入平稳期，激情和新鲜感过去，每天重复着同样的工作，没完没了地处理琐事，再加上做的都是无用功、表面文章，让人看不到希望、发展和改变，职业危机感容易滋生蔓延，失望之余工作懈怠出现。

遇到老板的冷淡或责备，自尊心强的好员工容易出现焦虑和逃避情绪。还有一种常见的情况，由跳槽引起：换工作上班一段时间后，逐步了解单位内情，有些关键真相和事前想象差之千里，无法接受，此时后悔晚矣。巨大的反差之下，情绪和信心颇受打击，觉得很没意思，没有工作的动力和精神，心绪浮躁，遂表现出工作懈怠的倾向。

境由心生，此时必须调整短期目标、正视现实，最可行的办法是换个角度想问题，度过这个衔接时期。比如，大学毕业后做前台，两年后产生工作懈怠，暂时没有其他更好的机会，是任由低落情绪鼓胀，是逃回家避开现状，还是调整自己的心态积极地寻找机会？当然，第三种办法最好。此时，工作没有难度，已经驾轻就熟，在完成本职之余看外语、学习新技能包括理财方法等，有很多事情可做，你会认识到这个岗位也有优势，不应厌烦它。

3. 适当调整改变自己，以适应现实环境。分析工作懈怠产生的根源，如果源于和工作环境的矛盾，首先应从自己身上找原因、寻求改变，因为只能你去适应环境，不能让大平台产生变化来适应你。比如，老板嫌你加班少，你不妨多加些班，而且让他看到；老板怪你拓展力度不够，你就要着力去改变工作现状，向他要求的目标靠拢，尽快将过程和结果呈现出来；如果认为你管理团队的方式过于松散，则你应适当调整管理办法。总之，你应该用心地工作不要懈怠，切忌把负面情绪明显地带进来，将职业疲倦尽可能地消化在你个人范围内。改变不难，只要想明白，凡事都是如此。

4. 加强沟通，尤其与上级的沟通。没有成就感、情绪低落、不被认可，不妨向领导谈出来，寻求理解，而且这是希望对方改变的直接途径，经常有实际效果。也可以向资深的同事提出来，从他们那里你会获得很多宝贵的资讯，有助于你对事物的判断和自我调整。

5. 自主创造新的机会点。不必被动地在平淡的工作中坐等改变，自己主动去推动变化。有一家被推上市场自谋生路的单位，全单位中只有行政部是成本中心，因为不直接创造利润不受重视，天天重复事务性的工

作，日复一日大家都有了点儿倦怠情绪。部门经理于是着力谋求改变，公司中唯一的商务岗位设在行政部，经理于是积极建言开辟垫资铺货业务。很快，有大笔销售流水进账，领导很高兴，同事们刮目相看。行政部第一次得到了业绩奖金，改变了成天陷于琐碎事务的状态，每个人干得很带劲。

6. 要求调换岗位，申请出差、休假，对消除职业疲倦很有帮助。

有位小伙子受到离婚的打击，受恶劣情绪影响无心于繁忙的工作，几次想提出辞职。这时，公司派他去云南出差。傍晚，他徜徉在丽江古镇的小巷中，一位垂垂暮年的老妇人吸着长烟袋，坐在院门口，等待老伴归来。夕阳下的老人显得分外宁静，似乎生活中的一切波澜在这里全部归于平淡。生活总要继续，人总要衰老，为何不趁着年轻尽情地享受生活、追求爱情？看似平常的一幕深深打动了年轻人脆弱的心，这对老夫妻现在的生活景象就是他憧憬的未来，他要开始新生活、寻觅另一半。出差回来他竟全想明白了，职业疲惫一扫而光，因为他知道必须好好工作，才能带来期望的好生活。

7. 对工作有短期目标，最适宜的方法是制定“日目标”，清楚知道每天需要完成的工作量，并意识到如果不按时完成会产生的后果，这样做就会有效地防止自身的懈怠。

职场给自己或者员工制定“月目标”，也就是为期一个月的工作计划，其实，如果没有明确的日工作目标的话，最终“月目标”也很难实现。

制定“日目标”的前提是要为自己定一个月的工作计划或者周计划。在中期目标计划中明确每天应该完成的工作量，这才是有效和理性的方法，既能防止自己出现懈怠，又能保证按期完成任务。

总之，工作中的我们如同驾桨助划，如果我们工作懈怠，那么企业永远无法扬帆远航，为了体现自己的价值，促进企业的快速发展，不妨克服工作中的懈怠情绪，做一名能够充分发挥自己能力的优秀员工。

4.充分认同自己的工作

有恋爱经历的人都能感受到:如果你不喜欢一个人,那个人对你根本就不具有吸引力,你在心里不能认同他(她),你也就不会满怀激情地同他(她)谈情说爱。神圣的事情不能缺乏爱的激情,如果你不能认同自己的职业,不热爱自己的工作,你这一辈子都不可能把工作做好。

那么如何充分认同自己的工作呢?

第一,要明白自己的工作动机。一个人作为独立的个体生活在这个世界,都应思考为什么要工作,尤其是工作的意义。人为什么要工作?工作的动机是什么?

很多企业培训时曾多次向员工们提出这个问题要他们回答,总结一下,得到的回答大多是这样一些:不工作还能去干什么?不工作就没有饭吃;工作才能生存;不工作心里就不踏实;工作是自己的责任和义务;在工作中实现自我价值;工作是一种乐趣,不工作会感到无聊;不工作会闷得慌,甚至会憋出病来;工作是一种交际;工作能保持自尊心……

工作在我们的生活中占据了很重要的位置,也是支配我们生活的力量。工作不仅对个人有好处,通过价值交换也让其他人受益。仅就纯粹的个人意义而言,人一生的全部活动不外乎三个内容:生存,发展,享受。无论哪个内容的实现,都无法离开职业生涯的帮助。

人需要在工作中寻找归宿和价值,实现其理想。工作可以满足个人,让人快乐。作为一个劳动者要能够这样想,雇主给了你工作,你成为其中的一员,担当了一份职责,你只有做好本职工作,才能享受到劳动的成果——安身立命、养家糊口、实现自我、体验快乐。

第二,干工作就是干事业。做工作应该把它当成事业去干,用前瞻性的眼光和睿智的思考来对待自己目前正在从事的职业，用事业的态度来做好工作，在做好工作的同时也在开拓自己的事业。生活中有很多人，因为前途堪忧、待遇不公、工作不顺而生出诸多的怨言和愤怒，也正是这些怨言和愤怒使得他们在职业生涯遇到了许多障碍，遭遇了许多的困难和挫折，不得不一次次从头再来，一次次又失败而去，总是在低层次徘徊，长时间得不到突破和晋级。

小吴大学刚毕业时他对干哪行并没有什么打算。他的家里不宽裕，可能是受此影响，他的工作方向就是向"钱"看。小吴毕业后的五六年，几乎是每年换一个工作。先是在办公室做行政管理，一年后看到保健品很红火，就应聘到一家生物制药公司去当推销员。没过多久，保健品行业就不行了。这时有位同学拉他去一家营销策划公司，月薪还不错，于是他马上就去报到上班了。这回干的时间还算长一些，大约有一年吧，收入是比以前多了些，但是存折里的钱并不是太多。

后来他又遇到另一位老同学，这位同学让他很羡慕，因为他开了一家小公司，生意还不错，正需要帮手。小吴毫不犹豫地加盟了他的公司。还没到半年，公司生意又转淡了，他只好去一家保险公司。没过多久，满街都是拉保险的业务员。小吴现在在一家小公司当市场部经理，实际上加上他才不过七八个人，事业上仍然没有任何突破与成就……

小吴这十年来就是这样折腾来折腾去一事无成。不知道他现在想明白了没有，做工作就要当成做事业去努力，坚持下去把它做好，做不到这样，最终注定会一无所获。

如果你能从事业的角度看待职业和工作，就会少一些怨言和愤怒，多一些努力和忍耐；在一次次超越过程中不断拓宽自己的视野，更能从中领悟一些道理，增加一些本领和技能。

第三，对工作负责就是对自己负责。我们必须对自己负责，树立工作是为自己做事的观念。在做事的过程中要有极大的热忱，同时要专心、用心，更要认真，还要对结果负责。

第四，管理者不仅要合格更要优秀。“管理者不仅要合格，更要优秀。”德力西集团董事局主席胡成中在一次管理层员工会议上强调：“管理者真正起到了榜样作用，那么，管理的目标也就容易实现了。”

德力西集团仪器仪表公司一分厂厂长兼团总支书记王晓林，是在2001年6月应聘进入德力西的，当时担任仪器仪表公司二分厂部装车间主任。那时仪器仪表公司二分厂处于筹建阶段，一切从无到有，他参与各项工作，和员工一起抬设备、搬产品、做实验。

同年9月ISO9001体系复查，王晓林带领车间员工和质检部一起学体系，查实际，改不足，使复查顺利通过。2002年8月，王晓林调任电子表车间主任。他组织员工培训，抓纪律，树典型，在短时间内使车间得以正常生产，并获得年度培训管理先进个人荣誉称号。

第五，当工作成为乐趣时，生活是一种享受。工作，即劳动，是个人为了在社会上独立生存而必须承担的一种社会责任。我们不能把工作看成是几张钞票的事，它是人生的一种乐趣、尊严和责任，只有对工作拥有激情的人才会明白其中的意义。人到底是为了生活而工作，还是为了工作而生活？如果我们为了生活去工作的话，就会最终沦为金钱的奴隶。工作是一个人天生的权利，每个人都应该找到工作中的极大乐趣，我们如果为了工作而生活，只要真心实意去寻找，一定会找到属于自己的那份快乐。工作的意义在于发挥我们的才能，使我们得到一种成就感，实现人生价值最大化，使我们的心情更加愉悦，从而使我们的生活更加美好。

总之，快乐来自于认同，只有热爱工作，才能快乐工作。作为员工的我们必须有着对自己工作的认同感，只有这样，才会尽心尽力地为企业的发展服务，为企业争光也就是为自己创造财富。

5. 风雨兼程，不进则退

如果企业是一艘航船，那么，作为桨手的每个员工心中都要有目的地。而既然是旅行，就一定会经历风雨，要想达到目标，就一定得风雨兼程。要知道逆水行舟，不进则退。停歇，就意味着退步，不赶路，就意味着倒退。

既然选择了远方，便只顾风雨兼程，作为员工的我们要时刻为了企业、为了自己美好的明天，为自己充电，用勤奋打造自己的辉煌职场生活。

IT人士小张进现在的公司已经几年时间了，对公司的贡献也算比较大的，可是最近有件事情很让他郁闷。有个主管跳槽走了，空出来一个位置，按照资历来说，这简直是小张的囊中之物，可是，到最后，这个位置却被一个后进公司的同事抢去了。小张经过仔细"考察"后发现，原来，在近几次的重要任务中，那个同事表现十分出色，获得了老板的赏识；而且，他一直利用业余时间充电，善于把学到的新知识和技能运用到工作中去，这一点深得老板心意，所以，一有空缺，老板马上就想到了他。

古人云，"业精于勤而荒于嬉"，在工作中，特别是IT业这样的特殊行业，不进则退。也许，小张一开始的能力比较强，但是，久而久之，松懈了继续学习，专业知识开始陈旧，思路和创意也会"生锈"；并且，他忽视了"乌龟"的潜力，没有充分注意到竞争对手的情况，这场职场龟兔赛跑一样输在一个字上，"懒"。

既然选择了远方，便只顾风雨兼程。员工要时刻坚定自己的目标，只有目标明确，才会义无反顾的前行，才会触摸对岸的芳草萋萋。

进入职场五年,小周却先后换了六份工作。小周属于那种能力挺强的人,但也可能正是因为他知道自己能力强,总有点自我感觉良好,跳槽和转职也就比较随意,因为各种各样的理由而频繁跳槽。至今,他还不知道自己将来到底想做个什么样的人。现在,他的收入才3000,这个收入,比他第一份工作并没有增长多少。小周不禁感叹,跳来跳去还是回到了原地。再看看以前不如自己的同学,似乎现在全都混得比他好。

小周在没有明确目标的情况下频繁跳槽,导致职业长期不稳定,不利于在一个职业上积累职业资本。对他来说,几次跳槽都只是一种逃避或只是换了一下工作环境,本质上并没有体现职业生涯的进步或跳跃。小周就是一只没有仔细研究过路线、恰似是跑了远路甚至绕回起点的兔子。作为员工的我们应该为自己的将来在企业的航行中做很好的职业规划,这至少能帮助我们在风雨袭击时不跑冤枉路。

那么作为员工,该如何做,才能在企业航行的旅途中,做到风雨兼程,步步靠近理想的目的地呢?

首先,要学会坚守。企业航行是一个迷茫的世界,很多员工在路途迷失了方向,不知自己为什么活着。很多人金钱崇拜、物质崇拜、权利崇拜,为达目的不择手段。很多人失落了自己的精神家园,没有信仰,道德沦丧,无法无天。因而在这样一个价值观错乱的旅途中,一定要学会在内心坚守一种信念,无论环境和时尚如何变化,无论周围的人崇尚什么,要知道有些信念在自己心中永远是不能改变的,有些底线自己坚决不能突破,这样的职场人生才有意义,才能安全且问心无愧。不然思想退步了,那么只会离梦想的高度越来越远。

其次,要学会禅定。企业旅途中时有风雨,飘忽不定也很正常,作为员工的我们无可避免地会遇到预料之外的事情。无论是荣辱、得失、成败,一定要学会坦然面对。“行到水穷处,坐观云起时”,一定要有一颗乐观而自信的心,要让自己的心境如一座巍峨的山峰,屹然而立,不随外界环境的改变而有丝毫变化。要知道,职场的旅途只是一个过程,无论成败得失、痛苦幸福都会烟消云散，既然不是永恒的，又何必如此在意。一切都会过去，痛苦与快乐都要学会去面对，去享受。这样才会在风雨中得到属于自己的快乐的职场人生。

再次，要学会无畏。企业航行原本就是一场冒险，要知道没有完全安全的人生。作为员工的我们要学会努力去改变自己能改变的，掌控自己能掌控的，更要知道很多东西我们无法改变，只能面对和接受。要知道在企业拼搏中往往是单行道，很多时候我们没有退路，因为退一步就是万丈深渊。正如很多负面情绪，如果我们不抵住，下一次，它会以更大的能量出现，直到我们无法承受，精神崩溃。很多时候，我们是因为恐惧而退却的，却发现每一次退却都是失误，每一次退却都会让自己的自信和勇气减弱，最终无路可走。无畏是一种精神，更是一种智慧。面对困难和恐惧，要有“亮剑”精神，这样，我们才能乘风破浪，勇往直前。

最后，要学会宽容。企业航行中既然有那么多的不确定因素，注定作为员工的我们决策时一定会发生失误。因而要学会宽容自己，不要为过去的错误而后悔，要学会把握当下，乐观面对未来。要学会宽容别人，要知道你如何对待别人，别人也一定会如何对待你。如果每个人都能以一颗包容的心原谅别人，多一分理解和支持，少一分仇恨和抱怨，大家的幸福感一定会大幅提升，才会在巨浪滔天时，拿出勇于前行的勇气。

总之，职场人生就是一段路程，作为桨手的员工，为了企业的辉煌就不要退缩、不要迷惑，学会享受、学会感激、学会执著，这样的旅程一定会更精彩。风雨过后，才会有最美的彩虹。

6. 十年修得同船渡，缘分难得

企业这艘大船中，来自五湖四海的人们总会自觉或不自觉地走到一

起，走进一个组织中，在彼此磨合、彼此认同的过程中建立起各种关系，并形成共同的目标和理想。

员工与员工的关系有朋友缘、同事缘……而员工与企业更有一种缘分叫做知遇缘，相识缘，所谓“百年修得同船渡”，在浩瀚的职场海域中，员工能踏上企业这艘航舰，不得不说这是一种缘分，俗话说“有缘千里来相会，无缘对面不相识”。缘的本质其实就是一种关系，是维系人与人、人与企业、人与职场偶然组合中的一种必然性。

如果能充分理解了这种员工与企业之间的缘分，并深刻、真实地知缘，那么，形同陌路的关系能成为知己、相与为谋；航向迥异的关系也能求同存异、化敌为友。对缘分的高度认同有如一种“催化剂”，会让处于各种关系中的企业与员工也发生“化学反应”，使他们变得紧密、协调、充满信心和拥有力量。要知道关系是形成凝聚力的基础，知缘就会产生巨大的力量。这正是一切企业发展壮大所觊觎的东西。

近几年来，作为证券市场上的“新面孔”，方正证券的“亮相”引起了越来越多人的关注。就方正证券本身而言，一定会有一个从小到大、由弱到强的成长过程。目前，无论网点规模、资本实力、业务范围还是人员队伍，都正处在一个加速扩张的过程中；大家因为对“方正”和“方正证券”这几个字的认同而走到了一起，可以说是冥冥之中有一只“看不见的手”把大家与企业牵引到了一起。但仅仅是“找到一个组织”还远远不够，我们还得找到一个在这个组织里一起好好走下去的理由。既然大家与企业有缘走到一起，就要一起谋事，还要一起保证将来。也许在企业中，大家来自五湖四海，文化背景和生活习惯与企业的文化风格和规章制度各不相同，分歧乃至对立在所难免，关键是要有一个核心的理由来说服广大员工，使员工能与企业化解分歧、放弃对立、步入合作，对这种核心理由认同的基础就是知缘。

方正证券这艘大船上，大家能迈出各自的一步，走到今天，走到一起，

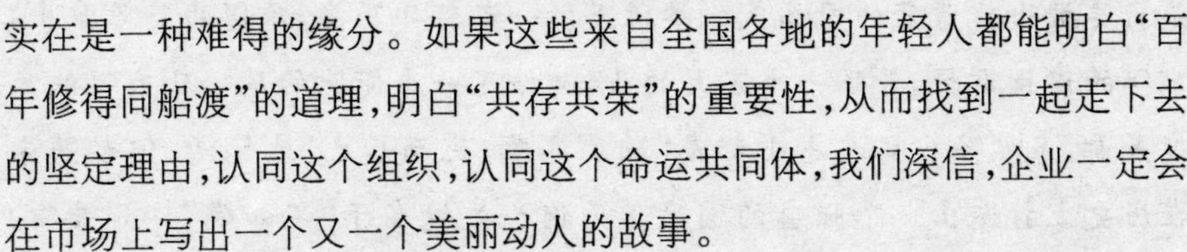
实在是一种难得的缘分。如果这些来自全国各地的年轻人都能明白“百年修得同船渡”的道理，明白“共存共荣”的重要性，从而找到一起走下去的坚定理由，认同这个组织，认同这个命运共同体，我们深信，企业一定会在市场上写出一个又一个美丽动人的故事。

当然员工与企业相知相遇是一种缘分，同样员工与员工相遇在企业这艘大船中同样是一种缘分。因而在企业中一定要处理好与同事之间的关系。

我们要有友好相处的愿望和积极交友的态度。同事关系是不以单个人的意志为转移的，一经建立，就面临着在工作和生活上广泛的联系。作为同事关系中的一方，既不应奢望通过同事关系得到他人帮助而一厢情愿去刻意追求，也不应当自我封闭，对同事关系怕得要命，处处设防，生怕给自己带来损害。正确的立场应当首先为自己培育友好和睦的工作、生活环境，把与同事交往的基点放在友好相处、共同受益的愿望上。这就需要在未曾交往前排除一切杂念和成见。要注意培养自己的乐群性，要努力做到热情、开朗，对人际交往充满信心。要善于主动地与同事交流思想，正确表达自己的愿望。要克服人际交往中腼腆、内向、过于敏感的思想障碍，要广交朋友，置身于同事间并学会体验只有同事间才有的乐趣和友谊。要知道缘分才会使你们走到一起，因此要与同事之间知缘，莫要错过这难得修来的缘分。

三国赤壁之战，千百年来广为国人所知。这一仗是孙、刘联合抗曹的“大手笔”，两大集团合作，操刀者实际上就是周瑜和诸葛亮。在这一仗的背后，这两个天下最聪明的人却一直在互相戒备、制约甚至加害对方，虽然每个人头顶上都是集团利益，但两个人之间却没有认同感，缺乏精诚合作的精神，从而埋下了吴、蜀两国敌对的祸根。赤壁之战孙、刘联军虽然暂时取胜，但从此开辟了“后赤壁时代”——一直因为这两个聪明人的互相不认同而羁羁绊绊。先是周瑜被气得吐血而亡，而后是关云长败走麦城，接下来是刘备七百里连营被一把火烧掉，结果诸葛亮累死军中，最后

是蜀吴被出自曹营的司马氏一举所灭。一部百年历史，难得的英雄辈出，难得的谋臣群聚，开了一个宏大的头，却结了一个蹩脚的尾！从宏观的角度来看，虽然多少仁人志士都是“鞠躬尽瘁、死而后已”地忙活，但却并未在历史上打造出一个强盛的国度。为何？关键在于“不知缘”。如果瑜、亮知缘，如果关曹知缘，都站得更高，看得更远，在追求眼前利益的同时考虑到长远利益，在实现自己利益的同时也照顾到友邦的利益，减少不必要的“互耗”，那么，这段历史完全可能是另一番新气象！即使局面仍然是三国鼎立，但也肯定是三个强国的鼎立而不是三个弱国的鼎立。

上面所说的“三国之缘”，这是大形势下的“缘”，其实我们员工与员工之间，员工与上司之间更要懂缘和知缘。俗话说：“在家靠父母，出门靠朋友。”职场之路，沟壑万千，总免不了要遇到困难和挫折。就连《西游记》里神通广大的孙悟空也有降不了的妖，伏不了的魔，他不得不去找其他神仙朋友，靠他们帮忙来渡过难关。在现实职场中，我们遇到的困难也许还会更多，这时，我们就需要靠企业、老板、上司、同事、下属的支持和帮助，用团队的力量去克服它。所以，为了给自己创造一个良好的职业发展环境，我们必须建立与老板(公司、上司)、同事和下属的三大共赢关系。这个关系建立了，你就有了一个良好的“缘”，就靠你怎么惜缘和发展缘了。

7. 同心合力是前进的动力

一盘散沙，尽管它金黄发亮，也仍然没有太大的作用。如果建筑工人把它掺在水泥中，就能成为建造高楼大厦的水泥板和水泥墩柱；如果化工厂的工人把它烧结冷却，它就变成晶莹剔透的玻璃。单个人犹如沙粒，但只要与人同心合力，就会发生意想不到的变化，变成不可思议的有用之材。企业的员工要学会与人团结，同心合力，只有掌握这种才能，才能领导自己的事业向前。要知道企业这艘大船航行得远不远，至关重要的是员工同心相携的助力。

每一个想在企业中成就梦想的员工，要必须学会与他人"牵手"，一方面可以弥补自己的不足，另一方面可以形成一股合力。要知道团结才有力量。只有与人合作，才会众志成城，战胜一切困难，产生巨大的前进的动力，说合作是企业生存的保障实不为过。所以，养成良好的合作习惯直接关系到员工的前途大业。

某部落的首领有三个儿子，都十分勇敢剽悍，彼此之间谁也不服谁。首领老了，担心自己死后三个儿子争位而导致部落分裂。有一天，首领把三个儿子叫来，表示准备传位给他们三个中力气最大的一个。测试的方法是放一堆羽箭，让三个儿子同时测试，看谁折断的多。

折断一根箭时，三个儿子都能很轻易做到。折断五根箭时，三个儿子用用力也都能做到。折断十根箭时，三个儿子费了九年二虎之力才能办。但等到二十根箭时。没有哪个儿子能办到。

首领对三个儿子说：你们看自己折断箭。如果把这二十根一根一根折断，是不是很容易？而要一下子折断二十根箭，是不是就很难甚至办不到？所谓兄弟同心，其利断金。父亲希望你们无论是谁当了首领，其他兄弟都应当服从他而不是拆他的台。

职场员工都要懂得这个道理：一个人的力量有限，只有团结起来，同心合力，才会推动企业的前行。

然而并不是所有员工都能有效地与人合作，善于团结的员工，天生就是一个领袖人物。他能引导其他人进行合作，或者引导他们团结在自己周围完成一项共同的工作；他善于鼓舞他人，使他们变得活跃；通过他的协作，他完成了单靠自己无法完成的工作；在他的协作下，以他为核心的这些人给企业提供了更加有效的服务。

在一个集团企业中，随着员工的增加，每个成员的专长可能都不一样，每个人都可能是某个领域的专家，所以任何成员都不能自恃过高，都应该保持足够的谦虚，同时时常检查自己的缺点，不断完善自我，从而与他人合作，形成巨大的合力，为企业的发展贡献力量。如果一个员工太过狂妄自大，那么他很难获得他人的认可，更难以融入整个团队中去。诚信、负责、谦虚、团结的个人品质或许足以赢得他人对你人品的信任，懂得与他人团结，才会在企业中凸显自己的价值。

从前，人的每只手都有五个兄弟——大哥（大拇指）、二哥（食指）、三哥（中指）、四弟、（无名指）、五弟（小指）。他们都有各自的分工，尽职尽责团结地生活在手上。可是时间一长，他们的思想都发生了微妙的变化，都认为自己的本领最大。最终矛盾激化，一场不可避免的争吵发生了。大哥说："我天天带领着你们早出晚归，辛勤地为手服务，我的本领最大。"二哥说："你分配不均有失职之处，出了事都是我给你顶着，我的本领最大。"三哥一把鼻涕一把泪的哭诉："你们都把脏活累活压在我的身上，美其名曰我的身材修长体格健美。"四弟尖着嗓子插嘴道："那是你自找。瞧我管理的外交处那可是顶呱呱，我的本领最大。"五弟也争吵着说他的本领最大。他们激烈的争吵，谁也不让谁。这时主人说话了："要不你们比比谁能拿起地上的球，谁的本领就最大。"于是，他们争先恐后地去拿球，可是，不管怎么努力就是拿不起那个球。主人说："你们一起拿试试。"他们走在一起轻轻一拿，球就很轻松地被拿了起来。他们终于明白，团结就是力量。

其实，在职场中团结的影子也处处可见，因为只有团结才会结出丰硕的果实。许多许多的石头堆积起来可以变成一座巨大的高山；许多许多的砖头垒筑起来，可以砌成万里长城；蚂蚁虽小，但许多蚂蚁团结在一起，能拖动一根很大的骨头；一个员工的力量也许太小，但众人的力量汇合在一起，就能排山倒海，战胜一切！要知道一滴晶莹的水珠虽然美丽，但经不起太阳的曝晒，个人的力量再大，也不能单枪匹马杀出天下，只有同心

合力才会让人生之路更平坦，天时、地利、人和才是企业成长的真理。

古人云：人心齐，泰山移。同心合力的精神是每个企业成员应当具备的基本品质之一。如果一名员工不能团结，不会协作，不能融入一个崭新的团队，就会被用人单位拒之门外。因为每一个团队都是一个团体，五音要调，才能步调一致；五味要和，才有美味醇香。由此可见，团结协作是现代职场人应该具备的基本品质之一，也是成功的企业团队的重要经验。因此在现代职场中，必须具有很强的团结协作精神，还要具有很强的团结协作能力。

团结协作是一切事业成功的基础，是立于不败之地的重要保证。团结协作不只是一种解决问题的方法，而是一种道德品质。它体现了人们的集体智慧，是现代社会生活中不可缺少的一环。

我们提倡团队的团结协作精神和互补精神，就是要在目标一致的前提下团结起来，同心协力，取长补短，群策群力，创一流的企业团队。同时，我们要避免恶性竞争，消除同门相害，力戒同事相妒和互相拆台。

将相和的佳话流传至今，不是廉颇的骁勇善战，也不是蔺相如的口若悬河，而是两人保江山为社稷、为百姓，同仇敌忾，团结协作的胸怀。如果廉颇和蔺相如两人争权夺利，只顾自己利益，国家都有可能因此灭亡，更别提两人的一己私利了。所以说只有依靠团结协作的力量，才能把个人的愿望和团队的总体目标结合起来，讲团结协作，会团结协作，能团结协作。这就要求员工牢记企业团队宗旨，心往一处想，劲往一处使，工作中互相支持，生活上互相关心，每个人都能发挥特长、发挥优势，尤其能够利用自身的优势无私地支持他人、帮助他人；要善于团结那些与自己有不同意见的人，共同把事情办好，特别是在工作中遇到挫折时，更要相互理解和谅解而不是互相推诿，能够同舟共济，共渡难关，而不是树倒猢狲散。只有这样才能超越个体认知以及个体力量的局限性，发挥集体的通力协作作用，产生 1+1>2 的效果。

8. 即使失败,也不要找借口

在美国西点军校,有一个广为传诵的悠久传统,学员遇到军官问话时,只能有四种回答:“报告长官,是”、“报告长官,不是”、“报告长官,不知道”、“报告长官,没有任何借口”。除此以外,不能多说一个字。

“没有任何借口”是美国西点军校200年来奉行的最重要的行为准则,是西点军校传授给每一位新生的第一个理念。它强化的是每一位学员想尽办法去完成任何一项任务,而不是为没有完成任务去寻找借口,哪怕是看似合理的借口。秉承这一理念,无数西点毕业生在人生的各个领域取得了非凡成就。

千万别找借口!在职场生活中,我们少的正是那种想尽办法去完成任务,而不是去寻找任何借口的人。在他们身上,体现出一种服从、诚实的态度,一种负责、敬业的精神,一种完善的执行能力。即使自己在企业的竞争中被淘汰了,也不能找借口抹去自己的失误。

真正的智者是不会为自己找借口来掩饰自己的失败的结局,只有愚蠢的人才会为自己找一堆借口,来遮掩自己的失败,于是在工作当中,我们经常能够听到来自愚蠢员工的各种各样的借口:

“那个客户太挑剔了,我无法满足他”、“我可以早到的,如果不是下雨”、“我没有在规定的时间里把事做完,是因为……”、“我没学过”、“我没有足够的时间”、“现在是休息时间,半小时后你再来电话”、“我没有那么多精力”、“我没办法这么做”……

其实,在每一个员工借口的背后,都隐藏着丰富的潜台词,只是不好意思说出来,甚至根本就不愿说出来。借口让职场的我们暂时逃避了困难和责任,获得了些许心理的慰藉。但是,借口的代价却无比高昂,它给我们带来的危害一点也不比其他任何恶习少。

企业中，爱找借口的人，最容易失败，而且一败再败，一再跌倒。有的人在跌倒后还能认识到自己的错误，能够跌倒后爬起来，但也有不少人倒下了就一蹶不振，难以东山再起。

有三只老鼠，一同去偷油，老鼠们找到一个油瓶，通过协商达成一致意见，轮流上去喝油。于是三只老鼠一只踩着一只的肩膀开始叠罗汉，当最后一只老鼠刚刚爬到另外两只的肩膀上，不知什么原因，油瓶倒了，并且惊动了人，三只老鼠不得不仓皇逃跑。

回到鼠窝，大家开会讨论行动失败的原因。

最上面的老鼠说，我没有喝到油，而且推倒了油瓶，是因为我下面第二只老鼠抖动了一下；第二只老鼠说，我是抖了一下不错，但那是因为我下面的第三只老鼠抽搐了一下；第三只老鼠说，对，对，我之所以抽搐是因为好像听见门外有猫的叫声。

“哦，原来如此呀！”大家紧张的心情顿时放松下来。

老鼠们为什么放松了心情？因为它们找到了借口。老鼠们这种心态，在企业中，在我们的工作中，处处都有表现。我们知道，有这种心态的老鼠，其结果只能是一再跌倒，不会有什么别的好运气。那么，我们企业里的员工，如果也具有这种心态的话，其后果会怎样呢？也只能是跌倒、再跌倒。

寻找借口唯一的好处，就是把属于自己的过失掩饰掉，把应该自己承担的责任转嫁给企业或他人。这样的人，在企业中不会成为称职的员工，也不是企业可以期待和信任的员工；在社会上不是大家可信赖和尊重的人。这样的人，注定只能是一事无成的失败者，并且早晚会落到被社会所淘汰的境地。

作为企业中的员工，我们要敢于面对淘汰的竞争，而不是为自己找一堆无聊的借口。

罗斯是公司里的一位老员工，以前专门负责跑业务，深得上司的器重。有一次，在他手里把公司的一笔业务让别人捷足先登抢走了，造成一定的损失。事后，他很合情合理地解释了失去这笔业务的原因。那是因为他的脚伤发作，比竞争对手迟到半个钟头。这一次，因上司了解他的情况与过去的表现，原谅了他。可是在此之后，每当公司要他出去联系相对棘手的业务时，他总是以他的脚不行，不能胜任这项工作作为借口推诿。久而久之，形成了就易避难、趋近避远，凡事都寻找借口的坏习惯。时间一长，他的业务成绩直线下滑。在屡屡教育且得不到改进的情况下，公司只得与其解除了劳动合同。但是罗斯还在竭尽全力地为自己寻求借口：我的脚伤若是不发作，一定会有很高的业绩的。

罗斯的一只脚有点轻微的跛，那是一次出差途中出了车祸，留下了一点后遗症，其实根本不影响他的形象，也不影响他的工作。他被公司炒了的原因在于不断为完不成任务找借口。试想有谁愿意要这样一个时时刻刻找借口的员工呢？罗斯被炒也是在情理之中。可笑的是：已经被炒了，他却还在为自己找借口。

高尔基曾说："一个人失败了，他还为自己找借口，那就是双倍的失败。"因此在企业工作中，必须杜绝找借口，错了就是错了，失败了就是失败了，再美丽的借口又能改变些什么呢？

"没有借口"，听上去冷漠，没有人情味，其实它能激发员工的斗志，提升员工的自信心，促使他们勇敢地走上成功之路。人们常说："解释等于掩饰"，解释的含义就是找借口吧，我们不能掩饰自己的错误，所以我们不能解释，凡事总想解释其实就是推脱责任的体现。要想成为一个强者，就不能找借口，要想成为一个强者，就没有任何借口。

借口是拖延的温床。职场中习惯性的拖延者通常也是制造借口与托辞的专家。他们每当要付出劳动，或要作出抉择时，总会找出一些借口来安慰自己，总想让自己轻松些、舒服些。我相信，对那些做事拖延的人，总有各种各样借口的人，是不可能抱以太高的期望的。

常找借口的员工是无法做出承诺的，只想找借口。他们总是经常为了没做某些事而制造借口，或想出千百个理由为事情未能按计划实施而辩解。这样的人是不可能成为好员工的，他们也不可能有完美成功的人生。

因此作为企业的员工，面对失败的大局，是没有任何借口的，更没必要拖延，而是立即行动！用自己的果敢与坚定在企业中树立自己的员工人格。

9.员工要提升自身的危机意识

德国奔驰公司董事长埃沙德路透的办公室里挂着一幅巨大的恐龙照片，照片下面写着："在地球上消失了的、不会适应变化的庞然大物比比皆是。"

松下幸之助先生在总结其企业的成功经验时，提出了重要的一点："长久不懈的危机意识是使企业立于不败之地的基础。"

戴尔电脑创始人迈克尔·戴尔说："有的时候我会半夜惊醒，一想起某些事情就害怕。可如果不这样的话，很快就会被别人超越。"

联想控股有限公司副董事长兼总裁柳传志说："我们一直在设立一个机制，好让我们的经营者不打盹。你一打盹，对手的机会就来了。"

华为技术总裁任正非也说："华为总会有冬天，准备好棉衣，比不准备好。我们怎样才能应对华为的冬天？"

这些企业为什么基业长青？可以说，最重要的就是他们的危机意识。只有意识到危机才能应对危机，因为在危机来之前你已经做好了应对的准备。

有一则水煮青蛙的寓言是这样讲的：

如果你把一只青蛙放进沸水中，它会立刻感受到危险的存在，随之纵身而出；但如果你把一只青蛙放进温水中，再慢慢升温，青蛙就会变得越来越虚弱，当它意识到危险时，已经失去自我脱险的能力了。

这就是“温水效应”。这个道理也很明显：生于忧患，死于安乐。在市场中，许多企业虽有过辉煌的历史，但由于管理者忽视危机的存在，没能让危机意识在企业内部长久存留，使企业最终如青蛙那样“死于安乐”。电脑界的蓝色巨人 IBM 当年的“惨败”就是一个生动的实例。当大型电脑为 IBM 带来丰厚利润，使 IBM 品尝到辉煌的甜头后，整个 IBM 都沉浸在绝对安逸氛围里，危机感尽失。在市场环境慢慢发生变化，更多的人青睐于小型电脑时，IBM 却对市场出现的新情况不予理睬，麻木不仁，没有意识到市场危机的降临。或者说，在企业不断成长的过程中，IBM 没有注意到企业危机管理的重要性，依然沉醉于大型主机电脑铸就的辉煌中，按部就班，继续加大大型主机电脑的市场比重，最终自己打倒了自己。

飓风起于萍末，溃堤源于蚁穴。企业在市场中成长，必然面对各种风浪，危机随时可能发生。昨天还辉煌的企业，今天就可能被一个小小的细节击垮。

企业要有危机意识，企业里的员工更要有危机意识。企业是一艘航行在大海的船舶，然而船时刻都有漏水的可能，如果员工没有危机意识，在企业漏水之时，只会手足无措，无法应对。因此，在平时的工作中，员工必须要有企业危机意识。

“如果员工不提升自身的危机意识，就不会感受到企业发展的动态过程。”员工是否具有危机意识，关系着企业应对环境变化的行动力，亦维系着企业的成长与创新。一名员工越是满足于过去的成就，就越容易忽略竞争环境的变化，而丧失危机意识。缺乏危机意识的员工其自我提升的意愿就越小、创新的动力就越不足，也就越可能在竞争的洪流中遭受挫败。

在企业中，迫在眉睫的危机或亲验的问题很容易吸引员工的注意力，因此，员工需要培养对企业内外变化的敏感度，能先侦测到危机的信息，并将危机信息传达给团队的其他成员，建立团队的共识。

我国有一个关于古代神医扁鹊的故事。说扁鹊有兄弟三人，大哥医术最高，当疾病尚表现在皮肤气色上时，他就已经观察出，并简单地给病人服几剂药就好了，但大家以为他只能治小病，故名声不出乡里；二哥医术差一级，要等疾病已进入病人的肌骨，才识别出并治好，但名声反而到了州郡；三弟扁鹊，医术最低，非要等到疾病已进入腑脏，病人已行将就木了，才知道去医，大动干戈，将之救活，结果反被尊为神医，举世闻名。

为什么"名声不出乡里"的大哥的医术最高？因为他能在"疾病尚表现在皮肤气色上时"就看出来了。这就是说，真正高明的危机管理并不是危机发生后再启动应急措施，而是善于发现问题并且把危机扼杀在萌芽阶段的问题管理。

现在我们的一些企业管理者都能意识到危机如同人总要死亡一样，几乎是不可避免的事，在面对危机时也能从容应对，最大限度地避免企业受损。可是也有不少企业把危机处理仅仅当成是决策层、管理层和个别部门的事情，而忽略了对员工危机意识的强化与培养，造成员工满足现状，以至在危机来临时反应迟钝，延误了"转危为安"的时机。

古语云："安而不忘危，治而不忘乱，存而不忘亡。"尽管这是治国安邦之策，可对于企业同样适用。世界上的百年老店并不多，企业界也遵守"丛林法则"，所以作为员工的我们必须天天为企业生存奋斗，激发自己的危机意识，要知道企业一步不慎就可能垮掉。

深圳航空有限责任公司是国内第五大航空集团之一，他们的每一名员工都有危机意识：

"深航的每个员工都具有危机感，能意识到饭碗和乌纱帽都是捧在手上而没有锁在保险柜里，然后通过管理把这种危机感所产生的紧张转化成生产力，这样我们才能活下去。"

“天天都有危机感”成为深航员工始终挂在嘴边的一句话。为此,他们“吃着碗里的,看着锅里的,种着田里的”。

为了使企业始终充满朝气与活力,深航的每个员工都是“前面铺一条路,后面挖一条沟”,或者说“前面放一块金锭,后面放一只老虎”,只能前进,不能后退,唯一选择是义无反顾地往前冲。

正因为如此,一家看似不大的国内航空公司,却拥有全国民航 1/50 的飞机,取得了民航市场 1/5 的利润,让同行和专家羡慕不已。这就是员工激发自身的危机意识所取得的丰硕成果,因为员工明白昨天的辉煌不是今天的辉煌,更不是明天的辉煌。

居安思危,才能保持清醒的头脑;未雨绸缪,方能防患于未然。对于任何一个企业来说,不论是才能卓著的企业领导、频获奖项的科技功臣,还是企业的每位员工,其危机意识都不可或缺。昨天的辉煌已不是今天的资本,今天的赢家也不是明天的王者。居安思危才能防患于未然,居危思危方能化险为夷;无危机意识者自危,无忧患意识者自忧。

任何危机总是潜伏在没有危机的意识之中,更不是突然出现的,它总是潜伏并成长在没有危机的意识之中。当一个企业要面临危机时,最有效的预防措施就是企业的员工首先要有危机意识。

员工没有紧迫的危机意识,就会面临被淘汰的境地。

员工长久不懈的危机意识,是企业立于不败之地的基础。反之,如果员工不树立紧迫的危机意识,就会处于被企业淘汰的境地。员工要切身感受企业生存与发展的危机与个人根本利益是密切相关的,如果员工不努力、不创造业绩,就会被淘汰。市场经济条件下的企业员工,必须清醒地认识到危机的存在,时刻保持着清醒的竞争头脑,并牢固地树立危机意识和忧患意识。

越缺乏危机意识的员工其主动进取的意愿就越小、创新的动力就越弱,也就越容易在职场竞争的洪流中遭受挫败。正所谓“安而不忘危,存而不忘亡”。如果今天工作不努力,明天就要努力找工作的压力,员工要

产生主动学习的欲望，变要我学为我要学，要我作为我要做；另一方面，员工要把企业的前途与自己的前途相结合，从而树立良好的团队精神，与企业休戚与共。

当一个人时刻感觉到危机时，这种心态之下会蕴涵一股神奇的力量，这种力量是任何困难和挫折都阻挡不了的，凭借这股力量，他会敢于挑战最大的危险，并获得挑战危机的最终胜利。

危机意识是一种竞争意识，能使一个企业和个人在困境中知难而进，遇难而争；危机意识是一种超前意识，预知危机并能认识危机，方能提前预防，未雨绸缪；危机意识是一种鞭策意识，能产生“狼来了”的紧迫感，让沉睡者猛醒。有了强烈的危机意识，整个企业才会统一步伐，适应形势，应对挑战，取得胜利。

总之，企业员工面对不可避免的危机趋势，我们不能只喊“狼来了”，每个人都应磨好自己的利剑，打造好自己的竞争与奋斗力量，增强自己的竞争优势，这样才能面对危机毫不畏惧。

第三章
为企业尽心力，与企业共进退

有人说："位不在高，爱岗则名；资不在深，敬业就行。"所谓"爱岗"，就是热爱本职工作，所谓"敬业"就是忠于职守，尽职尽责。爱岗敬业是职业道德的基础，是我们每一个员工应具备的职业素质。一个员工能否爱岗敬业并坚持不懈，不仅关系到员工本人的职业前途，还关系到企业的生存质量和发展前景，因此，我们要将本职工作内化为自身需要，将职业的责任升华为博大的爱心，在平凡中创造奇迹。

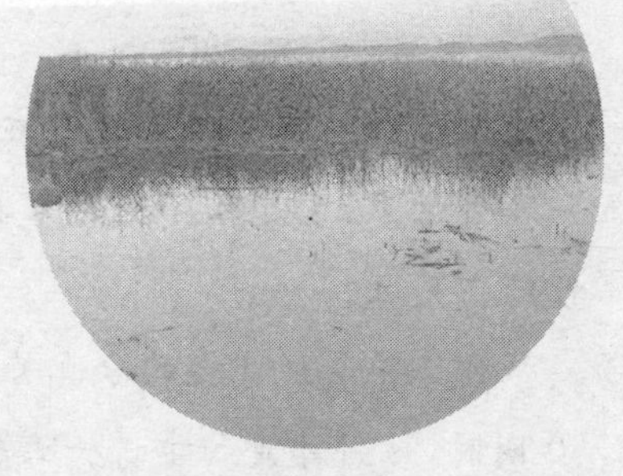

1. 职场是施展才华的舞台

职场是我们人生旅途拼搏进取的支点，是实现人生价值的基本舞台。珍惜职场的工作，就是珍惜机会，珍惜自己的前途和未来，珍惜自己的舞台。

职场对于不同工种的人来说，意义是不一样的。那么，我们到底从工作中得到了什么呢？是解决温饱，是实现抱负，还是使我们有一定的成就感，或是其他的感受？

曾有一份调查显示：55.06%的受访者表示工作收入只能解决温饱问题；17.26%的受访者表示工作收入能帮助自己实现理想；17.96%的受访者认为工作给自己带来了充实感，让人生变得有意义；仅有 9.71%的受访者从工作中获得了成就感，实现了自我价值。

美国商界名人约翰·洛克菲勒曾对工作做过这样的注解："工作是一个施展自己才能的舞台。我们寒窗苦读得来的知识，我们的应变力，我们的决断力，我们的适应力以及我们的协调能力都将在这样的一个舞台上得到展示……"

客厅中一架巨大的挂钟在"滴答滴答"地响着。一天晚上，突然听见一阵啜泣声，于是客厅里的家具到处寻找声音的来源，最后发现，原来是秒针在哭泣。

秒针哭着说："我的命真苦啊！每当我转一圈时，长针才走一步，我转 60 圈时，短针才走 5 步。一天我必须要转 1440 圈，一星期有 7 天，一年有 365 天……我如此瘦弱，却必须得分分秒秒地转下去，我实在是不堪重负啊！"

旁边的台灯安慰它说："不要过多地去想其他的事情，你只需一步一步地往前走，在你的岗位上充分展示自己的才华，你就能够实现自己的人生理想，也会变得轻松愉快。"

的确如此，无论我们在工作中担任什么样的角色，只要是自己分内的工作，就应当尽力把它做好。再小的事、再不起眼的小角色，也有它存在的价值和意义，都是我们施展才华的舞台。

然而，职场上却有很多人仅仅把自己所在的企业当成一个完成工作的地方，工作也只是为了自己的那份薪水。他们总在盘算：我为上级做的工作应该和他支付给我的工资一样多，只有这样才公平。这种短浅的目光不但使他们的工作充满了痛苦，而且会使他们丧失前进的动力。而优秀的员工则不同，他们把工作看成一个自身生存和施展才华的平台，这样原本单调的工作就成了事业发展的一个契机。

能力锻炼远比薪水重要得多，企业为我们能力的提升和事业的发展提供了更多的机会。当我们的能力得到领导的认可和赞赏时，领导就会付给我们更多的薪水。企业不但是员工之间互相交流和协作的平台，也是员工学习和展示才华的平台，只有从这个意义上认识企业，我们的职业生涯才有意义，才能将工作视为企业发展的一个契机，而不是痛苦的工作。

的确，员工与企业之间存在着商业交换，他们是一种雇佣和被雇佣的契约关系。如果透过这层合约，用我们的真心去体会，就不难发现两者不仅仅是合作共赢的关系，企业还为员工的发展提供了广阔的发展空间与平台，而这个平台，也是员工为之努力奋斗的源泉。

职场是一个施展自我才华的舞台。除了职场的工作没有哪项活动能提供给我们如此高度的充实感、个人使命感表达自我的机会和一种人生价值的体现。职场甚至是我们活着的理由。所以，我们在职场工作中要付出自己最大的努力。

每个人都是在不断发展的过程中追求更好的生存，而不是只满足于现状，不思进取。这种发展依托于我们对待职场工作的态度和重视程度。我们要把工作当回事儿，就不仅仅是把工作当成谋生的手段，更要把它当成施展自己才能的舞台。只有这样，我们才能够在职场中不断地去接受新的知识，去接受新的挑战，并解决新的问题来提升自己的能力，实现自己的理想。

现实生活告诉我们，如果要满足自己的生存所需，我们需要职场工作；如果想要有很多的财富，我们需要职场工作；如果要想提高自己的社会地位，我们需要职场工作；如果想让自己的人生过得有意义，我们需要职场工作。职场工作是我们生活中极为重要的一部分，也是生命中一个必要的过程。

小刘是某出版社的编辑。其实搞文字并不是他的专业，只是一个偶然的机会他进入了这一行，而且一干就是四、五年，这是他没想到的。刚毕业的时候他也像其他人一样梦想着自己开公司，自己做老板，虽然具体做什么他还没确定，但是找工作的艰难让温饱问题排在了最前面，应聘了几家公司未果后阴错阳差的成了一名编辑人员。

出版社的事务很杂，审稿、改稿、约见作者、催收稿件、联系印刷。忙的时候书店的事他也要涉及。好几次他都想离开出版社去实现自己的商业梦想，可是随着时间的推移，他的思想也发生了转变，他还是留在了出版社，因为出版社给了他不错的薪水，而且也使他在工作过程中不断地锻炼了自己。这是他不断努力的结果。

随着阅历的增加，最初的冲动变成了冷静的思考，他发现出版社同样给了自己很大的发展空间，在这里他同样能有所作为。记忆中，出版社每一次成就的取得都渗透着他的汗水，一次次的难关攻克让他体味到了成就感。他不再为当初没创业而烦躁，因为他已经是出版社的二把手了，他要带领出版社全体员工走向更辉煌的未来。

正是因为小刘把职场当成了一个施展自己才华的舞台，才在业内做得更好。对于职员来说，不要担心自己的努力会被忽视，应该相信大多数老板是有判断力且明智的，否则为什么他是老板呢。当然，为了最大化实现公司利润，老板们会尽力按照工作业绩和努力程度来晋升积极进取的员工。那些尽职尽责、坚持不懈、把工作当回事儿的人，终会有获得晋升的一天，薪水自然会随之高涨。

其实，薪水、能力、发展空间这三者是相互关联的。为了薪水，工作是必要的，而在工作中能力的提高和发展空间的无限延伸却是要自己来把握。你应该努力工作，不仅仅是为了公司，更多的还是为自己。在我们努力的同时，我们的各种能力也得到了提升，公司不但会给我们更多的薪水，还会为我们提供更多的学习机会和发展平台。当薪水不再是我们唯一的追求时，从工作中实现自己的价值，在工作中不断展现自己的才能，在业绩中得到的成就感才是我们想要的。

2. 每一天都要用心工作

用心是做好各项工作的首要前提，是一个人事业心、责任感的体现，是做好工作必备的品格。

我们从事任何一种工作都离不开用心，用心是一个态度问题，用心对待是工作圆满完成的前提。俗话说：世上无难事，只怕有心人。只要用心做事，再困难的问题也能迎刃而解。有些人不屑于每天做简单的小事，其实一些看似简单的、容易的小事，每天也并不是简单的重复。我们应该用心找到最佳的工作方法，达到最佳的工作效果，从而把简单的事做好、把容易的事做好，并且坚持不懈地把简单容易的事做好。有很多人心态浮躁、沉不下心踏踏实实地做好每一件事，不屑于小事和细节，把宝贵的时间用在抱怨人生和等待做大事的机会上，结果可想而知。一件简单的事情,如果你能够倾尽自己的全力,用心把它做到最好,做到最完美,它也会为你赢得更多、更好的机会。

很多人常抱怨,工作太平凡,难得干出一番大成就,领导高高在上,看不到自己的闪光点。实际上,如果反过来问一下,你是否真的"用心"对待自己的工作?是否每天百分之百地为自己的工作真心地付出?"不积跬步,无以至千里,不辞细流,无以成江河。"没有踏踏实实、脚踏实地的态度,没有一丝不苟、严谨细致的作风,世界上没有任何一个人会取得成功。当我们注意到鲜花和掌声时,是否同样感慨于别人真心的付出?

要知道只有一个积极主动的员工才能把心思全部用在工作上。在工作中他们往往能发现问题,并通过认真研究,找到解决问题的最好方法。

用心做好每件事,做每件事情都要用心,这是员工应该具备的职业品德。用心工作的态度,会为一个人既定的事业目标积累雄厚的实力,也才会给公司和老板带来最大化的利益。所以,在每一个公司里,"用心"做事的员工是老板比较青睐的。

用心工作与用手工作不一样,只有用心工作才能获得好的质量和效果,也才能不辜负客户和公司,工作中要牢记"不做便罢,做就做好"。在用心工作的同时,我们还要积极主动,要能够像老板一样对待自己的工作。

一个小和尚担任撞钟一职,每天都能按时撞钟,但半年下来住持却很不满意,就调他到后院劈柴挑水,说他不能胜任撞钟一职。

小和尚很不服气地问:"我撞的钟难道不准时、不响亮?"

老住持耐心地告诉他:"你撞的钟虽然很准时、也很响亮,但钟声空泛、疲软,没有感召力。钟声是要唤醒沉迷的众生的,而我却没有听到这样的声音。"

小和尚不过是"做一天和尚撞一天钟"而已,并没有融入一颗"唤醒众生"的心。

从这个故事中，我们可以感受到用心做事与认真做事的区别。认真做事是做好一件事的底线，不认真做事绝对做不好一件事，但不用心去做事，做出的事却不会圆满、完美，思考问题也不会深刻。

可见，无论是“撞钟”还是工作，都必须用心去做，你用心去做了，自然能够把工作做好、做到位。

职场中我们没有什么惊世骇俗的才华，只是一个普普通通的员工，只要我们调动自己全部的精力，在工作中找出新的方法，就能引起别人的注意，得到老板的赏识。这一切，都需要你积极主动、用心去做。

在做一件事情时，不妨这样告诉自己：“我愿意做这份工作，而且我会竭尽所能、尽自己的全力、用心来做。”成功者和失败者的区别就在于：成功者无论做什么工作，都会积极主动、用心去做，并力求达到最佳的效果，不会有丝毫的放松；失败者在做工作时，却常常轻率敷衍、得过且过。

因此，不论你现在所从事的是怎样一种工作，一个水泥工人，还是一个 IT 精英，你都应当以一种职业人的精神去对待。世界上没有卑微的工作，只有卑微的工作态度，只要你积极主动去做，再平凡的工作也能做得很出色。

能做到最好，就不要允许自己只做到次好。每个人都希望把工作做好，成为一名优秀的员工，从而从工作中获得成就感。请你问问自己：你是“在简单地干工作”还是“在用心做工作”？

那么怎么做一个“用心”工作的人呢？做到以下三点很重要。

一是要热爱自己的工作。只有真正地热爱自己所从事的工作，才能全身心地投入，倾尽自己的全部智慧和能力把工作做好。我们生活中有一些人，对自己所从事的工作缺乏热情，仅仅把它当做谋生的一种手段，正因为如此，他们不会用心去钻研，努力改进自己的工作，尽量使之更加完美，而是因循守旧，得过且过，工作没有激情，也没有创新，就像时针围绕同一个圆点周而复始地转动，正因为如此，他们的工作不会有突出的业绩，永远处在“谋生”的低级阶段。

二是要敬业。对待任何一项工作，如果没有敬业精神，工作也做不好。工作不是简单的重复,而是一项有创造性的劳动,不仅需要热情,更需要付出精力和心血,沉下心去把工作做好。不记得在哪本书上看到过这样一个比喻,如果有一大批黄豆要推销出去,应该怎么办?最简单的办法是直接卖黄豆。如果卖不出去呢?聪明的人会把它做成豆腐卖,如果豆腐卖不出去,就把它风干,做成豆腐干或豆腐乳。还可以将黄豆用水浸泡,做成黄豆芽来卖。或者是把黄豆沤烂,做成豆瓣酱或酱油。或者是把黄豆种在地里,等长成豆苗后,将豆苗卖掉……黄豆怎么卖出去,普通的人只会直接卖黄豆,优秀的人还会想出各种方法把黄豆卖掉。工作也是如此,一般的人只是机械地应付工作,而用心工作的人会想出各种方法让工作完成得尽善尽美。

第三是勤奋。俗语说"勤能补拙是良训,一分辛劳一分才"。一个用心工作的人,必定也是一个勤奋的人。每个人的能力都不同,但都可以通过后天的勤奋来补救。伟大的文豪鲁迅先生提及自己笔名的来历时,自谦为"愚鲁而迅速"。他谆谆教诲青年人要勤奋,而他自己本人就是勤奋的榜样,他的大部分时间都用在读书和写作上,给我们留下丰厚的文化遗产。

总之,职场中的朋友,不妨用心对待工作吧,只有用心才能结出事业成功的硕果。

3.敷衍工作就是敷衍人生

"粗心、拖沓"等这样一些字眼,正是工作不负责任、敷衍工作的表现。而由于粗心、拖沓等造成损失的例子,更是不胜枚举。

职场工作容不得半点敷衍。作为一名员工,自己应该做的事情一定要保质保量完成、对工作认真负责。不要以为自己不做自会有人来做,也不要以为自己不负责不会被人发现，不会对企业有什么影响，要知道你敷衍工作就是在敷衍你自己的人生。当你在信守责任的同时，也是在信守一个人的人格和道德。

人和机器的区别，就在于人有灵魂，有对他人和社会的责任与关爱，能通过工作找到人生的价值和意义。催一下就动一下，挨一下鞭子才推一下磨，这岂不是对自己的人生不负责？

已故的佛里德利·威尔森，曾经是纽约中央铁路公司的总裁。有一次，在访问途中，他被问到如何才能使事业成功？他说："一个人，不论在哪儿工作，做什么工作，都会认为自己的工作是一项神圣的使命。不论工作条件有多么困难，或需要多么艰难的训练，始终要用积极负责的态度去进行。只要抱着这种态度，任何人都会成功，也一定能达到目的，实现目标。"

如果什么事情总是敷衍了事，不精益求精，在工作过程中懒散、消极、抱怨、怀疑，以种种借口来遮掩自己的失误，这些都是对自己人生极不负责任的表现。

张涛曾经服务于一家大型建筑公司，他的主管不但是该家族公司集团中的总经理，又是第一位被提拔的非家族成员，他所承受的压力自然可想而知。所以，他对下属非常严格，甚至有点鸡蛋里挑骨头。不过，张涛觉得自己在公司待的时间长了，还是有能力驾轻就熟，应付他的各种命令的。

一次，主管要求张涛为一个董事会准备资料，他迅速整理了从各部门呈上来的报表，工作很快就完成了。但是当张涛把资料交上去之后，总经理只说了一句话："不用心。"张涛很不服气，他告诉总经理，为了这份材料，他已经很久没有按时吃晚饭了。总经理叹了一口气说："你自己对这堆资料满意吗？不满意，你就是在敷衍工作。记住：敷衍工作首先就是敷衍自己。"

张涛的问题，不是因为他不聪明、没有能力，而是不愿将问题看透，这样导致他习惯性地在工作中糊弄事。他虽然牺牲了吃晚饭的时间，但是并没有用心去做。如果总经理拿着他给提供的资料上会议桌，肯定会受到董事们的批判。

在每一个公司里，老板最看不上的是那些对工作敷衍了事的人，最赏识的是那些认真负责的员工。而那些抱着敷衍了事的态度工作的人，是不愿积极地面对生活、面对工作现状的人，他们对工作不负责任，也是对自己人生的极端不负责任。

其实工作就意味着责任，如果你还不明确自己的职责是什么，那么你就还没有真正地工作。也就不会领悟人生的意义与价值。

企业中的员工要对工作认真负责，这是一个人立足职场并做出成绩的基础和保障。职位越高，责任越大；工作越难，责任越重。推卸责任，不仅于事无补，而且实际上也就等于关上了成功的大门，把自己推向失败的境地。要知道世界上没有做不好的工作，只有不肯努力的人；没有解决不了的问题，只有不肯负责的人。而机遇总是垂青那些自觉承担责任的人，命运总是厚待那些勇于面对问题的人。

用心工作，最大的受益者是自己；敷衍工作，最大的受害者也必定是自己。大部分人总是渴望自己得到提升，得到加薪，但却在工作中依旧抱着为老板打工、只是完成任务甚至敷衍、马马虎虎的工作态度，似乎他们并不知道职位的晋升是建立在忠实履行日常工作，用心做好每一件事的基础上的。只有尽职尽责、用心做好目前的工作，才能使你获得价值的提升。

职场中的很多人都对自己的工作采用敷衍的态度，他们漫不经心地工作，其实是在漫不经心地“建造”自己的人生。他们不是积极行动，而是消极应付，凡事不肯精益求精，在关键时刻不能尽最大努力。等他们惊觉自己的处境时，早已深困在自己给自己建造的破“房子”里了。

用心工作的员工是企业的财富，也是企业真正需要的人。一个用力工作的人，只能做到称职；只有用心工作的人，才能达到优秀。用心工作是一种工作态度，更是一种工作方法和工作哲学。从平凡到优秀，其实只有一个秘诀，那就是工作上要用心一点，再用心一点。只要用心去做，每个人都能在工作中做得出色，都能成为企业最优秀的员工。

敷衍工作，不仅使自己一无所成，也不会为企业带来效益，甚至还会损害企业的利益，不能为企业奉献，又怎能指望企业能助自己成功呢？所以，敷衍工作，不仅是对工作不负责任，也是对自己不负责任，更是敷衍自己的人生。

4. 主动工作，拒绝被动

主动工作是一种积极的做事心态。无论老板在与不在，都能主动做事，从不偷懒。而且不管公司碰到什么困难。都能迎难而上，绝不临阵脱逃。而被动工作则是一种消极的心态，被动工作的人认为是在为别人工作，不仅不会主动工作，而且工作得毫无乐趣。

富兰克林曾说："你要追求工作，别让工作追求你。"因而能否积极主动地对待工作，是一名员工从平凡到优秀的关键。在任何一项工作中，"积极主动"最能体现出优秀与普通的差异。如果在工作中，你不能表现出自己的主动性，那么，就意味着你与别人也没什么区别。如果你想证明你的实力，那么你凡事都要积极主动，该做的事立刻着手去做，绝不拖拉，尽职尽责地去完成每项工作。唯有如此，才能使你脱颖而出。正如阿尔伯特·哈伯德所说："不必等待他人的安排，自觉而出色地把工作做到位，世界将会给他巨大的回报，无论是金钱还是荣誉。"

拿破仑也说过："自觉自愿是一种极为难得的美德，它能驱使一个人在不被吩咐应该去做什么事之前，就能主动地去做应该做的事。"主动工作的最大意义在于，你在做那份工作时不再像以前那样被动，你会更加用心地把它当做自己的事情来做，做起来很有激情，并能从中获取快乐、成就与满足感！

一个和尚在寺庙里待了几年了，可还是做扫地、端茶的工作，有一天他越想越气，去找方丈说理。

“我在这儿辛辛苦苦干了几年了，为什么还是让我扫地、端茶？太没道理了！”

方丈捋了捋胡子，慢条斯理地说：“你没发现，你扫地从来不知道把垃圾处理掉，端茶时也不知道把桌子上的灰尘抹掉吗？”

这个和尚工作的失败在于，他没有主动精神，不知道主动做一些没有人交代他做的事情。有主动精神的员工，会勇于负责，有独立思考能力。这些员工有别于那些像机器一样的员工，他们不会按别人的吩咐机械地完成工作，他们往往会发挥创意，出色地完成任务。

而不能积极主动工作的员工，则墨守成规、害怕犯错，凡事只求遵循公司规则。他们会告诉自己，老板没有让我做的事，我又何必插手呢？又没有额外的奖励！这两种不同的想法会明显地导致不同的工作表现。

成功的机会不会白白降临到你的身上，只有那些主动做事、主动工作的人才能获得更多的机会。但遗憾的是，意识到这一点的人并不多，大多数人早已养成了拖延、懒惰的习惯。

主动工作和被动工作就像一把双刃剑，既可以给你带来无限荣耀，也可以让你变得一无所有。主动工作让你成为剑的主人，被动工作让你成为剑的奴隶，我们要做主人，而不是奴隶，所以我们要主动工作。大家可以这么想，工作反正是要做的，我们何不主动工作，把工作当成自己的事情做，这样工作起来才会快乐！

一个人除了会做是远远不够的，还要有工作意愿（动机），即要自动自发。所谓的自动自发不是一个口号、一个动作，而是要充分发挥主观能动性与责任心，在接受工作后应尽一切努力与想尽一切办法把工作做好。

人的一生不可能永远一帆风顺，总会经历一些小风小浪。在这些小风小浪面前，有人退却了，就这么平庸一生，甚或开始怨天尤人；当然，也有人在同样的环境中脱颖而出，成了强人或名人。其实，这一切的一切，就在于那一念之差。而所谓的一念之差，其实就是一种态度。面对生活，面对工作，面对人生的态度。仔细想来，“自动自发”就是一种可以帮助你扫平一切挫折的积极健康的人生态度。

在这个竞争日益激烈的社会中，人们常常以“被动工作”的形象出现在职场，为了生存，为了加薪升职，为了保住工作岗位，每个人都在拼命地接受着老板或者上司安排的工作。繁重的工作往往让他们感到身心俱疲，然而这并不是工作的真正意义所在。工作不仅仅是为了生存，而是为了给个人的生活赋予意义，给生命赋予光彩。工作是让人能更好的生活，而不是奴役人的工具。

我们生命的一大半时间都是在工作，如果工作的意义只在于糊口，那么我们的人生未免显得太无趣了。工作是谋生的手段，没错，但工作也是生活的常态，如果生活要快乐，那工作就一定要快乐。为了工作而工作的人，毫无疑问，被工作所控制，也就没有快乐可言，更谈不上以积极主动的心态对待工作了。

积极主动、自动自发地工作，才能得到自己想要的一切，才能真正把企业作为助自己成长的平台，让自己成长、成熟、成功。

齐藤竹之助进入保险行业时，已经年过半百，而公司里都是20岁出头的小伙子，当时所有人都断定他不会做出什么成就。但是，齐藤竹之助却给自己树立了一个伟大的目标，那就是成为公司的最佳销售员。一位年过半百的小老头居然要和20岁出头的年轻气盛的小伙子争第一，他能行吗？

正所谓事在人为，虽然公司里大约有两万名业务员，但是齐藤竹之助并没有知难而退，而是努力想方设法使自己在众人中脱颖而出。为了实现这一愿望，齐藤竹之助加倍努力地工作。每天早晨5点钟一睁开眼，他就立刻开始一天的活动。当他还躺在被窝里的时候，就开始思考推销方案，6点半钟开始给顾客打电话，并确定访问的时间；8点钟到公司上班；9点钟坐车出去推销；下午6点钟下班回家；晚上8点开始读书，反省，安排新方案；11点准时就寝。

他每天都是这样工作，早起晚睡，风雨无阻，从未间断。其实和其他的同事一样，每天都在重复同样的事情，也曾遭受严厉的拒绝，但是他从未放弃，而是一次又一次地尝试，努力地去说服客户。齐藤竹之助曾经在大约3年的时间里，去拜访过同一个客户300多次，最终说服了客户购买他的保单。

功夫不负有心人，若干年以后，齐藤竹之助以2.8亿日元的保险新纪录成功地实现了自己刚进公司时的愿望，成了日本首席销售员。尽管如此，他还是像从前一样，十分努力地工作着。他曾在8年的时间里，来回奔波500多次去促成一笔保单的签订。超出常人的勤奋和努力在齐藤竹之助的身上清楚地体现了出来。

之后，齐藤竹之助一次又一次打破自己保持的销售纪录，并被美国的百万圆桌会议吸收为终身会员。通过自己坚持不懈的努力，他最终成为世界级优秀的销售员。

自动自发地做事，同时为自己的所作所为承担责任，那些成就大业之人和凡事得过且过的人之间的最根本的区别正在于此。唯有主动积极地去争取，一切才会属于你。

5. 做让领导放心的员工

一个公司就如同一艘在海上航行的大蒸汽船一样，必须要靠全体船员和水手的精诚合作才能让他平稳前进，在这里，任何一个水手都不是特殊的，无论是老板还是员工都是缺一不可的。公司要更好地发展壮大，必须拥有业务能力强而且对公司极为忠诚、让老板放心的员工。

对多数人而言，从内心讲，可能都不想工作。可是，人生下来就注定得工作，得拼搏，哪有人能够不劳而获的呢？但是，如何工作，如何让领导满意、放心，就需要每一位员工通过切身体会来总结了。以下是几点建议：

第一，勤劳而诚实，这是对一名员工最基本的素质要求。勤劳工作、诚恳待人是迈向成功的唯一途径。这与没有尝过艰辛而获得成功的滋味迥然不同。不下工夫，却能成功？天上掉馅饼？这都是根本不可能的事。

第二，团结就是力量。每一位员工都有自身的优势和不足，关键在于要善于取长补短，求同存异，做到相互补台而不拆台。这样，当你和同事组成一个团队，共同努力去完成一项工作时，才能使每个人的优势发挥得淋漓尽致。进入一个工作单位，就是进入了一个集体的熔炉，能够与同事和谐共事，便已经成功了一半。所以，要努力去适应每一个人，共同营造一个和谐团结的工作环境。

第三，富有责任感、使命感。蕴涵责任感、使命感的人更能得到领导的信任，对自己的工作要求严格而严谨，领导才敢将重任委托于你。在工作中，我们要把领导交办的事情当成头等大事。事前将你的工作谋划尽情和领导沟通，事中及时向领导汇报工作进度，事后与领导交流总结经验，勘补不足也是非常重要的。最终，让问题的萌芽在自己这里成为终点。

第四，学习，不断地学习。俗话说，活到老，学到老。这是一个亘古的潜移默化的箴言。时代，总是在持续飞速地发展变化，想要适应这个社会就要不断地学习，不断地提高自我。在工作中，还要不断增强业务能力，用知识的力量舞动工作效率的杠杆。

第五，学会忠诚。忠诚是人类最宝贵的美德之一，它体现在最珍贵的情感和行为的付出。企业需要忠诚的员工，因为忠诚，员工才能尽心尽力,尽职尽责,敢于承担一切。任何时候,忠诚永远是企业生存和发展的精神支柱,这是企业的生存之本。只有忠诚于自己的领导和企业的员工,才有权利享受企业给个人带来的一切。无论一个人在组织中是以什么样的身份出现,对组织和领导者的忠诚都应该是一样的。我们强调个人对组织和领导者忠诚的意义,就是因为忠诚是市场竞争中的基本道德原则,违背忠诚原则,无论是个人还是组织都会遭受损失。无论对组织和领导者还是个人,忠诚都会使其得到收益。

第六,乐观、自信、坚强。乐观、自信、坚强的人能让老板信任,因为他们不会沮丧,永远充满朝气,工作起来劲头十足。日本的松下幸之助在战后第一年发表讲话时看到他的员工一个个精神饱满,感到非常欣慰。他说:"在这令人忧患的时代,本公司能很快从混乱中站起来,迈向复兴,是因为我们比任何创业者都更具信心。我认为经营必须全面性地在明朗豁达中,一面培养乐观气氛,一面进行才好。"

第七,自觉主动思考。公司所渴求的人才不只是一个具有专业知识的、埋头苦干的人,而更需要的是积极主动、充满热情、灵活自信的人。一个合格的员工不只是被动地等待别人告诉应该做什么,而是应该主动去了解自己要做什么,并且认真地规划它们,然后全力以赴地去完成。企业的发展最终靠的是全体人员积极性、主动性、创造性的发挥,每个人充分展现自己的想法,贡献自己的力量。老板都希望自己的员工能自觉主动地工作,他绝不愿把员工变成机器,被动地接受指令,也不愿接纳没有头脑如机器般的员工,这样会使老板不得不分出精力去指导具体业务的进行。所以,就像老师要求学生那样,老板喜欢自觉主动的员工。

第八,充满热忱地完成工作。工作热忱的人大多能获得高效业绩,一个缺乏热忱的员工,绩效必定是平平甚至是低劣的。热忱这个词语,源自希腊语,意思是"受了神的启示"。热忱是一种精神特质,代表一种积极进取的精神力量,这种力量不是凝固不变的,而是不稳定的。不同的人,热忱程度与表达方式不一样;同一个人,在不同情况下,热忱程度与表达方式也不一样。但总的来说,热忱是人人具有的,善加利用,可以使之转化为巨大的能量,从而推动工作快捷有效地完成。威廉·费尔波是耶鲁大学最著名也是最受欢迎的教授——在他极富启示性的《工作的兴奋》中,如此写道:“对我来说,教书凌驾于一切技术或职业之上。我爱好教书,正如画家爱好绘画,歌手爱好歌唱,诗人爱好写诗一样。每天起床之前,我就兴奋地想着有关学生的事……工作之所以能够高效地完成,最重要的因素就是对自己每天的工作抱着热忱的态度,热忱是我们最重要的财富之一。”

第九,用创造性思维工作,唯有创新才能不断前进。有些企业中,不但员工对现状感到满意,领导者也同样安于现状,就好像整个企业都被魔咒催眠了似的。在这种情况下,形势可能严峻到使许多恶兆纷至沓来,但是着了魔的人仍然浑然未觉。企业必须以变应变,在创新中不断前进。不管是在哪个阶层、哪个部门的员工,都要接受环境不停变化的事实,都必须意识到:我们面对的未来世界,不是一个故步自封的世界,而是一个充满竞争的世界,这种竞争,主要是创造力和创造性的竞争。创新精神体现了公司员工在变化中求生存,在变化中求发展的不懈追求和努力。

总之,作为社会中的人,我们每一个人也将成为工作中的人。他人的赞赏,社会的肯定,是一个人生活的动力,进步的源泉。由此而言,做一名好员工,一名让领导放心的好员工,以健康积极的心态对待我们与生俱来的工作使命,必然是每一个人成长经历中的锤炼与升华。

6. 坚持敬业不松懈

在经济社会中,每个人要想获得成功或得到他人的尊重,就必须对自己所从事的职业、对自己的工作保持敬仰之心,视职业、工作为天职。

在海尔,敬业精神是最重要的企业文化。张瑞敏强调:“把每一件简单的事情做好就不简单,把每一件平凡的事情做好就不平凡。”

然而,在工作中,我们却经常听到一些消极的声音,例如:

“公司又不是我的,将来怎样与我有什么关系。”

“上班对我来说,就是当一天和尚撞一天钟。”

“工作差不多就行了,何必那么较真呢?”

毋庸置疑,这些都是企业员工不敬业的典型表现。他们不知道敬业是人类的天职,是荣誉的象征,也是每个员工成长和成功的基本要素。

关于敬业,优秀员工的理解是,它存在两层含义:一个是,老板给我发薪水我就对老板负责,也就是为了对雇主有个交代;另一个是,把工作当成自己的事,这里糅合了使命感和道德感。总之,敬业要到位彻底,不管哪层含义,敬业所表现出来的就是认真负责、认真做事、一丝不苟、有始有终!

敬业是一种职业态度,也是职业道德的崇高表现。一个没有敬业精神的人,即使有能力也不会得到人们的尊重和接受;能力相对较弱但具有敬业精神的人却能够找到自己发挥的舞台,并步步实现自身的价值,最后更有可能发展成为广受尊重的人。敬业精神的强度取决于一个人的职业态度。在我们这个国度里,人不论职位高低,没有贵贱之分,敬业精神始终如一,人们对从事社会服务的体力劳动者的工作非常尊重。这种敬业精神随时都可以在机场、饭店、商店等公共场所见到。在机场经常可以看到一些年轻美貌的女子穿着机场的工作服,在一丝不苟地清扫着地面,从她们的脸上丝毫看不到有什么自卑的表情。在饭店用餐,同样有一种宾至如归的感觉。当你用完饮料后,热情的女服务员立即友好地问你:要再来一杯吗?就餐中,她们不停地换盘子,擦净桌面,就餐完毕后,还热情相送。

无论我们做什么工作,有多么远大的理想,首先是要把我们的本职工作做好。即使是很普通的人,也应有着很强的敬业精神。

作为一名企业员工,只有具备敬业精神不松懈,才能在工作中更好地体现自己的人生价值,才能获得丰厚的薪水、更高的职位和更完美的人

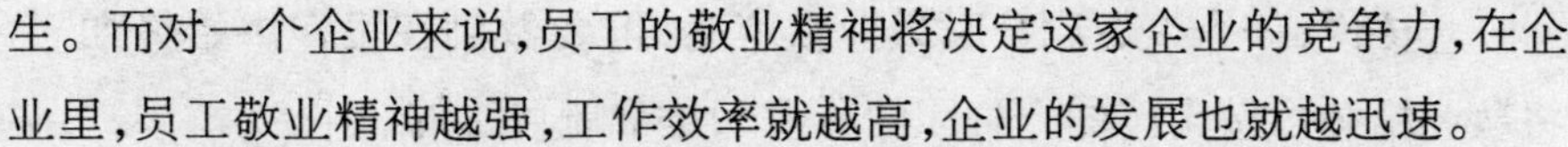

生。而对一个企业来说，员工的敬业精神将决定这家企业的竞争力，在企业里，员工敬业精神越强，工作效率就越高，企业的发展也就越迅速。

敬业精神是一种优秀的职业品质，是职场人士的基本价值观和信条。

在经济社会中，每个人要想获得成功或得到他人的尊重，就必须对自己所从事的职业、对自己的工作保持敬仰之心，视职业、工作为天职。可以说，敬业精神是职业精神的首要内涵，是职业道德的集中体现。

不管在哪里，都会有许多才华横溢的失业者。当你和这些失业者交流时，你会发现，这些人总是对原有工作充满了抱怨、不满和仇视。不是怪环境条件不够好，就是怪老板有眼无珠，不识才。总之，牢骚一大堆，埋怨满天飞。殊不知，问题的关键就是他们吹毛求疵的恶习使他们丢失了敬业精神这种宝贵的职业品质，从而使自己发展的道路越走越窄。他们与公司格格不入，矛盾重重，只好被迫离开。

《圣经》创世纪篇告诉我们说，亚当悠闲地生活在伊甸园中，除了知道自己得到舒适的照顾外，什么也不知道。他违反上帝的告诫而偷吃了智慧之果，因此被赶出了乐园，他受到的惩罚之一是，从此必须工作。因此，对亚当来说，工作是他不能不做的事。相反，亚伯拉罕则是受到挑战而工作，因为他被视为能负责、有能力的人。上帝替他设下了领导角色，因此，亚伯拉罕就多年地履行他的职责。他是一位不但因为工作该做就做，而且能看出工作的意义，以及在工作中获得满足感而有成就的人。赫茨博认为，在我们当中，有些人是亚当，有些人是亚伯拉罕。但是他强调，为了达到目标而工作比起只为了执行任务而工作，可以给人更多的满足感。因此他告诉人们：工作是有趣的，它能给自己和他人带来满足感，我们不应该做一个只为了薪水而工作的人。

具备敬业精神的员工之所以受欢迎，是因为他们认识到敬业精神是一种优秀的职业品质。这样的员工会为企业的发展作出真正的贡献，当然，他们自己也会因此从工作中获得无穷的乐趣和收益。

应该说，一个人做到一时敬业很容易，但要做到在工作中始终如一，将敬业精神当做自己的一种职业品质却是难能可贵的。

所以，做任何事情都要善始善终。因为前面做得再好，也可能会由于最后的不坚持而导致功亏一篑、前功尽弃。

国外的一项调查显示：如今学历资格已经不是公司招聘员工首先考虑的条件。大多数雇主认为，员工的敬业精神是他们最优先考虑的，其次才是职业技能，接着是工作经验。毫无疑问，在现代社会，敬业精神已被视为企业遴选人才时的重要标准。

正如搜狐公司总裁张朝阳说："我们公司聘人的标准是敬业精神。敬业精神是个比较感性的概念，但是实行起来，就可以明显地感觉出来，因为是否把工作当做自己生活中一件重要的事情，是否为了干好工作与别人协作好、配合好，是很容易看出来的，我们需要的就是这样具备敬业精神的员工。"

通过工作我们可以获取经验、知识和信心。投入的热情愈多、决心愈大，工作起来就会效率愈高。当抱有这种热情与执著时，工作将不再是苦差事，而是为了做一件全身心热爱的事，而且是有人愿意付钱请你来做你喜欢的事。你的工作是为自己找乐趣，假定你每天工作 8 小时，你就等于在快乐的泳池里游泳，工作等于快乐，这是一个多么合算的公式！

由此我们看到，这些优秀企业和杰出人士的成功秘诀就是敬业精神。

作为职场人士，我们没有理由不去理解什么是敬业精神、怎样去敬业的问题。懂得敬业、能够敬业是一个人在职场中提升自己、拓展事业的前提，敬业精神所表现出来的积极主动、认真负责、一丝不苟的工作态度，是职场人士所应当而且必须具备的品质，它是获得最佳工作业绩的有力保障。

7. 忠诚比努力更重要

人在职场，忠诚重要，还是努力重要？一项覆盖全球4000多名白领员工的调查显示，在公司公布升职员工名单时，超过一半的人会感到惊奇和意外。也就是说，那些最终获得升迁机会的人，往往不是工作努力最出色的员工，“冷门选手”更易被升职。原因是在老板眼中，忠诚比努力更重要。

一位美国专家通过对几十名成功人士的研究发现，在决定事业成功的诸多因素中，一个人的知识水平、能力的大小占了20%，技能占了40%，态度也仅到40%，而100%的忠诚是你获得成功的唯一途径，是自我价值得以创造和实现的保证，它使你成为企业真正需要的人。因此。美国一位成功学家曾无限感慨地说：“如果你是忠诚的，你就会成功。”

无论一个人在企业中是以什么样的身份出现，对企业的忠诚都应该是一样的。我们强调员工对企业的忠诚，就是因为无论是企业或个人，忠诚都会使其得到利益。其实，每位员工的价值，在老板的心里都会有一个评判，员工是否忠诚，老板都看在眼里。如果你能做好自己该做的，并且能一直忠于职守，老板一定不会让你失望。

有一个公司老板聘用了一个年轻人做自己的司机，年轻人只领取属于自己的那一份酬金。而可贵的是，这个年轻人并不满足于此，还经常为老板寄发一些信件，处理一些手头上的问题。这样一来，他对公司的一些业务也了解了很多。

渐渐地，如果老板有事情脱不开身时，就让他代为处理。他还在晚饭后回到办公室继续工作，不计报酬地干一些并非自己分内的工作，而且在超越自己的工作范围内也力求做得更好。

有一天，公司负责行政的经理因故辞职，老板自然而然地想到了他。在没有得到这个职位之前已经身在其位了，这正是他获得这个职位最重要的原因。当下班的铃声响起之后，他依然坐在自己的岗位上，在没有任何报酬承诺的情况下，依然刻苦训练，最终使自己有资格接受这个职位，并且使自己变得不可替代了。

忠诚是员工的立身之本。作为员工，在任何一个公司里，如果你希望得到老板的赏识，得到升迁的机会，第一条法则就是你必须忠诚于他。无论你的能力多么强，无论你的智慧多么超群，没有忠诚，没有人会放心地把最重要的事情交给你去做，没有人会让你成为公司的核心力量。忠诚是一种美德，也是一种与生俱来的义务。忠诚可以使你在职场中发挥最大的价值，获得最大的利益，忠诚也会让你得到企业的长久重用。忠诚最大的受益人是自己，因为对企业忠诚，你不仅会获得财富和荣誉，还可以不断地充实自己，使自己的价值得到体现。忠诚既是一种品德，更是一种能力，而且是其他所有能力的统帅与核心。缺乏忠诚，其他的能力就失去了用武之地。任何上司都不会容忍或原谅下属对自己不忠，如果为了一己私利不惜牺牲公司的利益，终究会被职场所淘汰。忠诚不是一个简单的概念，也不是单向的付出。员工的忠诚不是愚忠，不是简单地为企业效命，而是要首先忠诚于自己的职责和事业，把自己的职责、事业与企业的发展结合起来。

小周最近很郁闷，他思前想后，就是不明白自己为什么无缘无故被老板炒了鱿鱼。是自己的业务能力差？不会吧，自己能力突出、努力工作，才华出众，是单位公认的业务骨干，去年年底还受到了总公司的表彰；是自己业绩不够突出？应该也不会，单位里自己的绩效首屈一指，好多同事暗地里都求他指点一二；是自己没有处理好人际关系？好像更不会，因为凭个人感觉，平时自己能说会道，大方随和，对领导更是礼貌有加，人缘不会太差。这究竟是为什么呢？

为此，小周找到了平时关系不错的部门经理王某一探究竟，王某告诉他："怎么说呢，你的确很优秀，是个人才。但老板知道你在外面还有份兼职，经常利用工作时间干私活，老板认为与能力相比，忠诚守信对公司更重要，所以……"

小周恍然大悟：怪不得老板前几日还无意中问起自己是不是在外做兼职，"当时还认为在干好工作之余，为自己谋点'外快'没什么大不了，殊不知断送自己职业前途的，正是对企业'不够忠诚'的这块短板。"小周追悔莫及。

职场中的"热门选手"大都是业绩优异的员工，但在老板眼里，有一种东西比工作努力更重要，那就是对企业的忠诚度。美国心理专家罗伯茨·希姆指出：在聪明和忠诚面前，老板的选择永远是后者。因此，千万不要自命清高，认为只要做好分内工作，达到出色业绩，就能升职加薪，高枕无忧。如果在平时工作中，老板感觉你卖弄小聪明、不值得信赖，不管你如何天赋异禀，也无法获得更高职位；要是自恃能力突出，劳苦功高，利用工作之便为自己"揽私活"、"谋福利"，其结果肯定像小周一样，被老板清理出门。

忠诚不仅是一种道德品质，也是一种职业生存方式，更是优秀员工迈向卓越的必经之道。古今无数的事实表明，任用那些不忠诚的人无异于养虎遗患。试想一个上司或老板怎会对此类下属有好印象并委以重任呢？因此，不管你的才能有多大，学识有多高，都要有忠诚的品格，这样才会把握人生成功的先机。小周只要认识到这点，今后的职业生涯依旧大有可为。

可见职场的员工，如果你忠诚的对待你的老板、对待你的企业、对待你的工作，你必定会赢得老板对你的注意，那么在老板的心里，你就是一个肯与公司同进步的人才。出于对你的信任，一旦有发展的机会，老板一定会第一个想到你，给你锻炼的机会。更重要的是，你的忠诚会为你树立个人品牌,这将是永远都不会贬值的。

8. 摆脱“差不多”的心态

职场无论做什么工作,都要多问自己几次“真的可以‘差不多’吗?”“差的那一点真的不会给整件事情带来麻烦吗?”这样就可以慢慢消除“差不多”心理,从而以高标准来要求自己。

职场竞赛中,当终点线近在咫尺,而此时我们已筋疲力尽、上气不接下气,此时如果我们仅因为“差不多”到终点而松懈,那么成功必然会与自己无缘。其实此时只要我们持有恒心;在充满艰难险阻的路途之上,坚持最后的那段距离,就能触摸到胜利的曙光。

现在的职场,环顾我们周围,“差不多先生”并没有随着时间的流逝而消失,而是依然普遍存在,甚至被粉饰得更加无厘头。“基本”、“好像”、“几乎”、“大约”、“估计”、“也许”、“大概”等“差不多”现象可谓与日俱增。“差不多先生”每天按时打卡、准时上班,但是却没有及时完成工作;每天早出晚归、忙忙碌碌,却不愿精益求精……

试想,当我们作为一名员工,只管上班,不问贡献;只管接受指令,不顾结果;只管应付差事,不关心企业生产效益,把将事情做得“差不多”当成自己的行为准则时,结果会怎样?

如此工作的结果是:工作马马虎虎,敷衍了事,人生失去价值;产品送到客户手上,不是退货,就是索赔;企业失去客户,丢掉市场。

要知道“差之毫厘,谬之千里”。看似不起眼的一个小错误,如果不能及时纠正,最终就会酿成大祸。当越来越多的企业员工变得跟“差不多先生”一样时:公司得到的结果就是散伙,而员工得到的结果则是失去工作,并最终失去人生的意义。所以说,“差不多”的结果是差太多。

在工作中,在每一个看似平凡的岗位上,我们应该做到以下几点:从小事做起、不要放过每一个细节、熟知每一个细节。

“勿以善小而不为,勿以恶小而为之。”“差不多”现象的存在和蔓延,害他人,更害自己。如果我们热爱自己的工作中的每一个细节,我们就会每天都竭尽所能地追求完美;如果我们每个人都能落实工作中的每一个细节,就一定能将“差不多”的思想根除!

很多职场人做习惯了“差不多”先生,究其原因有以下几点:

1.“差不多”因为职场中缺乏竞争意识,认为干好干坏都一样,因此,“差不多”成为职场人混日子的借口。

2.“差不多”是职场人懒惰的表现。任何事情要做到完美,肯定要有极大的付出。而“差不多”就是只要做了,只要有了过程,甚至不管过程完不完整,不管结果好不好,这样不用太费精力,不用反复思考、精益求精的工作。

3.“差不多”可以为自己的工作、做事的失误推脱,找到借口,而且还显得很“豪气”。

4.“差不多”是职场人缺乏科学和严谨作风的表现,我们许多人做事前,无论证、无计划、无规划、无前瞻,不尊重自然规律的科学,完全凭自己的主观想象,“大体”是这样,“差不多”是这样就行了。

5.“差不多”是职场人浮于事、互相扯皮、缺乏责任心、为私欲解脱的最好借口,是造成企业损失的重要原因。

也正因为如此,在我们工作中,经常能听到许多“差不多”的声音,在新房装修时,装修工人常常会说“差不多”,结果,就会出现许多的问题和隐患;在单位绩效考评时,员工的“差不多,”让他们的绩效永远拖后腿、更谈不上出类拔萃;在完成领导交办或日常的工作中,“差不多”永远不能让你成为优秀的员工和职业化员工;在产品的设计,试验、生长、成熟的过程中“差不多”永远让你们的产品只能沦为二流或三流;在一些大型工程的建设当中“差不多”给人民的生命安全和国家带来了巨大的损失!

两个乡下人，一同来到一座大城市，都选择了卖菜，并且在一个市场上，摊儿还挨着摊儿。都是卖菜，可几年之后，却卖出了天壤之别。一个卖成了蔬菜批发商，手里有二百多万。另一个因生活无着落，只好回到了乡下。

就拿两个卖菜的人而言：成功者每天卖菜，都要拿出一点时间把黄菜叶子和烂根去掉，弄得水灵灵的好看；失败者却从来没有理会过这一点，卖菜怎么能没有黄叶子烂根！成功者每天总是把菜摊儿收拾得规规矩矩，把菜码放得整整齐齐，让人看着就舒服；失败者只把菜往地上一摊，爱怎样怎样！成功者每天要多卖半小时，尽力全部卖出；失败者认为无所谓，今天卖不动，还有明天。

就是这些细微的差异，天长日久，两个乡下人，一个在城里站住了脚，一个只好回到乡下。

在工作中，你觉得与他人水平差不多，工作成绩也不相上下，可是到升职的时候，却总是没有你的份。究其原因还是你的工作没有做到位！

很多人做了不少事，付出了很多精力，当工作完成到90%时就放松了。成功就在于最后的一哆嗦，被忽略的10%恰恰是至关重要的。它之所以重要，是因为只有做好最后的10%，成果才会显现出来，少一点都不行。你就因为这最后的一点点而失去了很多晋升的机会。

一位大师曾经说过："如果你能够尽到自己的本分，尽力完成自己应该做的事情，那么总有一天，你能够随心所欲从事自己想要做的事情。"反之，如果你凡事得过且过，从不努力把自己的工作做好，那么你永远无法达到成功的巅峰。

做事并不难，人人都在做，天天都在做，难的是把事情做成功、做到位。"差不多"意味着差很多，"差不多"不行，得对自己严格要求，做到精益求精。在这种严谨的工作态度下，才能不敷衍，认真去做，才把自己的工作做好、做到位。

把事情做到位是每个员工最起码的工作准则，也是一个人做人的基本要求。只有做事做到位，才能提高工作效率，才能获得更多的发展机会。

9. 不要过分追求眼前利益

追求利益是人之天性，但利益有长远大小之分，很多时候眼前的利益未必就是最大和最好的。遗憾的是，很多职场人哪怕是为了一些眼前的小利益而花费很多的时间和精力，也舍不得放弃。事实上，为了获得更多，我们有时候必须放弃一些东西。

一个小伙子非常羡慕一位成功人士取得的成就，于是他跑到成功人士那里询问成功的诀窍。

成功人士弄清楚了小伙子的来意后，什么也没有说，转身到起居室拿来了一只大西瓜。小伙子迷惑不解地看着，只见成功人士把西瓜切成了大小不等的三块。

"如果每块西瓜代表一定程度的利益，你会如何选择呢？"成功人士一边说，一边把西瓜放在小伙子面前。

"当然是最大的那块！"小伙子毫不犹豫地回答，眼睛盯着最大的那块。

成功人士笑了笑："那好，请用吧！"

成功人士把最大的那块西瓜递给小伙子，自己却吃起了最小的那块。小伙子还在享用最大的那一块的时候，成功人士已经吃完了最小的那一块。接着，成功人士得意地拿起剩下的一块，还故意在小伙子眼前晃了晃，然后大口吃了起来。其实，那两块加起来要比最大的那一块大得多。

小伙子马上就明白了成功人士的意思：成功人士吃的那两块分开看都没自己的大，但总量却比自己的多。也就是说，成功人士赢得的利益比自己的多。

最后，成功人士语重心长地对小伙子说道："要想成功就要学会放弃，只有放弃眼前小利益，才能获得长远大利，这就是我的成功之道。"

放弃眼前的一些小利益并不可惜，更不是遗憾。塞翁失马焉知非福，失去是为了得到更多，只有学会放弃，才能获得长远大利。所以，每个职场中人要想成功，就要先学会放弃，舍得放弃，这样，你才能走出一条与众不同的职场成功之路。

但是，有很多人却只看见眼前利益，看不到长远的利益，甚至为了眼前的利益而完全不顾以后，这样的人，不仅会失去很多的机会，也注定他难得有大出息。

一个园艺师，辛苦半辈子，却一直庸庸碌碌，没有成就。他百思不得其解，于是就向一位著名的企业家请教，说："先生，您的事业如日中天，而我就像一只小蚂蚁，在地里爬来爬去，一点没有出息，什么时候我才能赚大钱，能够成功呢？"

企业家对他和气地说："这样吧，我看你很精通园艺方面的事情，我工厂旁边有2万平方米空地，我们就种树苗吧！一棵树苗多少钱？"

"40元。"企业家又说："那么以一平方米地种两棵树苗计算，扣除道路，2万平方米地大约可以种2.5万棵树苗，成本刚好700万元。你算算，三年后，一棵树苗可以卖多少钱？"

"大约5000元。"

"这样，100万元的树苗成本与肥料费我们一人一半，土地费就由我出，而你就负责浇水、除草和施肥工作。三年后，我们就有600万元的利润，那时我们一人一半。"企业家认真地说。

不料园艺师却拒绝说："啊？要投资这么多呀？那我得把所有的钱都投进去还不够，我还得借钱，那还是算了吧，我还是去管理我的那个200平方米的小园子去吧，这样我心里踏实。"

只顾眼前利益，看不到长远的利益，这样目光短浅的人注定不能有什么成就的。

唐代柳宗元曾写过一个寓言故事，叫《吾腰千钱》，说永州的人擅长游泳。一天河水暴涨，有五六个人因为船破了而拼命向岸上游去，其中一人因腰里有千枚铜钱所以落在了后面，同伴劝他丢掉，他却不肯，最后被淹死了。

这就是只顾眼前利益的典型案例。钱有用，但生命没有了，还有什么用呢？所以我们要正确处理“眼前利益”与“长远利益”的关系。那个爱财如命的人在危急时刻没有想到两点：

1.如果他丢掉钱，让自己活下来，以后还可以通过努力挣更多的钱。

2.如果他没有丢掉钱，在滔滔的江水中会白白送掉一条命，为了那几千枚铜钱，他舍弃了宝贵的生命。钱没了可以再挣，而生命没有了是不管多少钱都换不来的。

那个人只想着眼前有大笔大笔的钱可以花，却没有想到因为几千枚铜钱害得自己财命全没，这是世界上最可悲的事情了！

在企业里，不会考虑“眼前利益”与“长远利益”的人有很多，像寓言中的那个人一样，在金钱的诱惑下，某些人经不住诱惑，在金钱面前失去了头脑，失去了对企业的忠诚，这山望着那山高，动不动就跳槽走人，还以为自己活得很潇洒，其结果就是把自己变成了漂浮不定的浮萍，终日无根无基似的晃来晃去。这正应了那句流行的话：今天工作不努力，明天努力找工作。

而懂得“眼前利益”与“长远利益”关系的职场人，在金钱这方面，很会理财，他们不会用钱来实现自己的欲望。要知道，人类永远也不会满足，这时，他们会想哪些钱用在现在，哪些钱存起来以后还会派上用场，这就是有头脑的人的选择，不管在什么情况下，都会有最明智的选择。

总之，眼前利益只是暂时的富裕，还要做长远打算，不要因为眼前利益的固执表现而以小失大。

10. 勇于承担，不推卸责任

一个无论在哪个岗位都始终保持责任意识，对客户负责，对团队负责，对公司负责的员工，是企业的福音。一个具有高度责任感的员工，在工作的时候，他不是简简单单负一下责就完了，他会比老板还负责、认真对待工作，他不仅认真，而且还对工作的结果负责，当一个人能对事情的结果负责时，他必能担当起重任。这类型员工是企业老板打心眼里喜欢的人，你想想，一个比老板还负责、还敬业的人，老板哪有不给他加薪之理？

主动要求承担责任是优秀员工必备的素质。作为一名优秀的员工，即使你没有被正式告知要对某事负责，你也应该努力做好它，在任何一个公司，责任感是员工生存的根基。因此，是否勇于承担责任正是优秀员工与一般员工的区别所在。

如今社会，物欲横流，各种行业、岗位竞争激烈，适者生存、弱肉强食的道理更加明显地摆在了人们面前。然而，我们怎样才能在这样的社会、企业中生存、工作、谋求发展呢？有一点很重要，那就是信誉，敢做敢当，具有勇于承担责任的勇气。从古至今，人们都说这样一句话“大丈夫言而有信”，又说“言必信，行必果”，说穿了也就是要对我们的言行负责，发生错误要勇于承担，这是我们做人、做事的根本。

在一个企业里，不同岗位的人拥有不同的岗位职责，每个人都不应该因为老板不在或者没有领导监督就放松了对自己本职工作的要求。忠于职守是一个员工最基本的素质，一个优秀的员工必定是一个负责的员工，这不仅仅是一种良好的职业修养，更是一种高尚人格魅力的外在体现。

我们很多人都有过这样的经历,当受到领导批评的时候感到很委屈,常常脱口而出的一句是:大家都有责任,凭什么要我负责?在大部分人的意识里,负责就意味着要承认自己的错误,而这些错误又绝对是让我们在同事面前大丢面子、威信扫地的事情,所以我们往往都会拒绝承认错误,而会绞尽脑汁搜罗出一大堆的理由来为自己辩护。

事实果真如此吗?让我们从另一个角度看这个问题,如果领导明确针对你,要你对此事负责,那么你应该想到以下几点:我可能与这件事情有很大关系;我可能是这件事情的主角;这也许是领导给我的一次展示能力的机会。如果我们都能这样从另一个角度去考虑问题的话,这也许就是一件好事,那么也就不会感到自己很委屈了,说不定你在心里还要偷偷地乐呢,因为这说明领导很器重你。

中国有句老话:吃亏是福。这古老的辩证法是自有其道理的。你在一个方面的付出,必会在其他的方面得到回报。公司的成功需要全体员工的共同努力,所以一个优秀的员工在毫无怨言地接受任务的同时,也一定要勇于承担责任。在任何一个公司里,再完善的规章制度、再详细的岗位职责都不可能把每个人应该做的事情讲得清清楚楚。有时会临时跳出一些事情来,临时接受了一项工作任务,并没有明确规定应该是谁去做,可又必须有人去做,如果这个时候,如果在你的能力范围之内,你任劳任怨、不计得失地做了,可以肯定的是,领导不但会在心里非常赏识你,甚至会非常感激你,即使他当时不说,也会利用另外的机会给予奖励和回报的。同时,因为你在大家需要的时候用你的肩膀替大家承担了相应的责任,你的威望也将逐步建立起来。

威灵顿曾说:“我来到这里是为了履行我的责任,除此之外,我既不会做也不能做任何贪图享乐的事。”

职场中每个人都有着不可推卸的责任。

詹姆斯·伍兹是美国著名的演员，曾先后获得金球奖和埃米金像奖。主演过的电影非常多，其中最著名的是《迫在眉睫》、《密西西比谋杀案》、《西点揭秘》等。

作为这样一位知名演员，他用父亲给他的教育结合自己的感受，给年轻人以劝诫，希望他们能担负起家庭和社会的责任。

詹姆斯·伍兹始终认为自己如今的成功，首先要感谢自己的父亲，他把父亲称作是一个"安静地躺在墓地里，却还在关怀和照料着我们"的人。他这样说：

我的父亲戎马一生。他和母亲在童年时期都正好遇上大萧条时期，所以他们很注意让自己的孩子得到他们自己在童年渴望得到但却没有得到的东西。

在我9岁的时候，父亲要做心脏手术，输血的血型配得不够好，结果产生输血反应。在最后5天里，他意识到自己将不久于人世，他在去世的那一天打电话给我那时才3岁的弟弟，对他说自己已经去世了，去了天堂。他说："上帝让我打电话给你，跟你说声再见。你不要害怕，也不要难过，因为我很好。我是想让你知道我很想念你。"

父亲没有给我打电话，而是写了一封信。他在信中对我说，他为我在学校里的成绩感到骄傲。他说他希望我有一天能上麻省理工学院，后来我果真上了麻省理工学院。他还对我说，他相信我无论做什么事，只要尽力肯定就会成功。

母亲和父亲只为一件事真正争吵过，这事涉及钱。父亲是想要为我们已经抵押出去的住房买份保险。他对母亲说："这笔投资是省不得的，要是我有什么不测，你和孩子们还能保住这幢屋子。"

"我们没钱买保险。"母亲说。

六个月后，父亲去世了，母亲想，这下我们要被扫地出门了。但在三星期后，保险公司的理赔员带来了一张支票，这笔钱正好是我们所欠的房款。原来父亲在去世前自己设法偷偷省着钱，买了抵押保险，一直在缴付保险费。现在他安静地躺在墓地里，却还在关怀和照料着我们。

我时常想起父亲的那句话:一个男人,要赢得尊重,就必须承担起自己的责任。父亲用他的一生对这话作出了最好的阐释。而这句话也已成为我的人生准则。

没有责任就没有尊重,没有责任更不可能有成功。一个逃避责任的人注定失败,而一个勇于承担责任的人,即使没有骄人的成就,也是一个职场中真正的强者,真正的赢家!

有些员工往往对于承担责任和承认错误怀有恐惧感,因为承担责任和承认错误往往会和接受惩罚相联系。有些不负责任的员工在出现问题时,首先把问题或责任归罪于他人,总是寻找各式各样的理由和借口来为自己开脱。其实这样都是无力的借口,并不能掩盖已经出现的问题,也不会减轻要承担的责任,更不会让你把责任推卸掉!

外国一家军校认为:"没有责任感的军官不是合格的军官,没有责任感的公民不是好公民。"那么对公司而言,没有责任感的员工不是优秀的员工!员工缺乏责任感难免会失职,与其为自己的失职找借口,倒不如为自己的失职去勇敢地承担责任!

说一句话,做一件工作,如果是正确无误的、符合客观事实的,哪怕有一万个人反对,也要坚持自己的观点,反之,毫无根据,不思考出错的原因,逃避责任,以一种无理取闹的方式来逃避责任,那是一种典型的、不负责的表现。做一件事,思路正确,符合要求,不伤害他人,有它一定的实际意义,那你就不要被那些闲言碎语击倒,应该全力以赴地做下去。

工作、处世都应该是这样,拿得起,放得下。敢作敢当就是君子,这些都是和强烈的责任感分不开的。

在公司,作一名讲信誉的员工是一种诚信的表现,也是一种不可推卸的责任。工作时的坚持不懈、全力以赴是一种执著、进取的精神,更是一种实现自我价值的追求。

如果你有勇气,就准备承担将要承担的责任吧,你会从此明白你存在的价值。还有比担当责任更让人骄傲的吗?很高兴能够为企业承担责任，这会让你觉得对于企业而言，自己并不是可有可无。相信你，你从没有懈怠过自己的责任。只有当一个人从心底改变了自己对承担责任的理解，认识到责任不仅是对企业的一种负责也是对自己的一种负责，并在这种负责中感受到自身的价值和自己所获得的尊重与认同，他才能从承担责任中获得满足。承担责任努力工作，对自己而言，更多的不是压力而是一种快乐和幸福；对企业而言，是可以真正放心的员工。

第四章
维护企业形象，推动企业发展

企业的形象就是员工的形象，因此，每一个员工都要充分认识到维护企业形象，推动企业发展，是自我成长的关键所在。无论何时何地，无论你从事什么工作，你都要学会扪心自问，问问自己究竟为企业做了什么，因为你的每一次成长、每一个成功都离不开企业这个平台，一个形象高大的成功企业走出来的员工，也会受到更多的尊敬。

1. 维护企业形象就是塑造完美的自己

企业的良好形象和声誉，是一个企业通过长期不懈的努力，在激烈的市场竞争中不断创新，追求卓越，日积月累才逐渐赢得的，作为企业的一员，为企业着想，精心维护企业来之不易的形象是责无旁贷的义务。

其实，为企业着想，就是为自己着想。为企业着想而焕发出的热情、责任感早晚会成就你。尽管这种热情和责任感有时得不到相应的回报，但请务必相信，是金子总会发光的，如此坚持下去，机会总会垂青于你。

真心真意对公司，事事替公司着想，时时维护企业形象，并不是一句口号，不在形式，而在内容，是要在行动和执行中表现出来的。这就好像对待自己，脸脏了就要洗，头发乱了就要梳理。

一名优秀员工，他会随时随地为公司着想、维护公司形象，从而赢得更多人的尊敬。

一位中国游客，在日本东京逛街时买了一件松下牌的小型家用电器。返回住所时，正值下班高峰。他想，这个时间去乘地铁，别说坐，恐怕连站的地方都不多。

但是出乎意料的是，他一进地铁，尚未站稳脚跟，一位漂亮的姑娘就起身深鞠一躬："先生，您请坐！"

中国游客显然受宠若惊，忙还鞠躬之礼，并用熟练的日语说："谢谢您的好意，小姐，我可不敢当，岂有女士给男士让座之理？"

姑娘又执著地深深鞠了一躬："谢谢您，中国朋友，您不远千里来购买我们公司的产品，理应受到礼遇！"

中国游客这才醒悟过来。人家话已至此，也就无可推辞，还礼落座的瞬间，顿生敬意。

但中国游客还有一事不明，便问道："请问小姐，您怎么知道我来自中国？"

姑娘嫣然一笑："是您手表上的汉字告诉了我。"

前后不过两分钟，这位秀丽的日本姑娘的形象便在这位中国游客和她的同胞眼中变得高大无比。她对公司形象悉心呵护的一个善举，让所有耗费巨资的广告都黯然失色。这位普通的松下员工在维护企业形象的同时，也赢得了人们的尊重，塑造了一个完美的自己。

一个热爱公司的优秀员工，无论身在何处，不论是在公司内还是在其他地方，都会非常注重自己的形象，并且竭力维护公司的声誉，因为他们清楚自己的形象在别人眼前就代表着整个公司的形象。这是基本职业道德观。如果到处毁谤企业，处心积虑地讥讽企业领导人，必定是没有主人翁精神的人，试问有谁会整日自曝家丑呢？

企业形象不仅靠企业各项硬件设施建设和软件条件开发，更要靠每一位员工从自身做起，塑造良好的自身形象。因为，员工的一言一行直接影响着企业的外在形象，员工的综合素质就是企业形象的一种表现形式，员工的形象代表着企业的形象，员工应该随时随地维护企业形象。

企业就像自己的名片一样，与个人的职业理想、价值观和社会地位有密不可分的关系。每个员工都应该像爱护自己的家庭、珍惜自己的名誉一样维护企业的形象和声誉。企业有了良好的社会信誉，才能在激烈的市场竞争中得到生存和发展，个人的价值才能得到体现。如果企业的声誉受到损害，个人的价值也同样会受到损害。

良好的企业形象是一种财富，具有巨大的吸引力。我们知道，许多名牌企业、名牌商品的无形资产是难以估价的，它远远超过了其本身的价值。一个企业良好的组织形象，可以为它的产品消费者创造充足的消费信心，可以帮助它吸引社会资金，找到可靠的原材料供应渠道和满意的合作伙伴。

因此,一个企业的形象非常重要,一定要维护良好的企业形象。在维护企业形象上,每一个员工都起到很重要的作用。一个著名企业经理人曾说过:员工是企业一线CEO! 员工在工作中代表的不只是自己,因为自己的形象还代表团队的形象,代表企业的形象。

员工的形象是企业形象的一面镜子,作为一名企业员工,我们一定要以维护企业形象为荣,以损害企业形象为耻,永远维护好企业的形象。

在你加入企业的那一刻开始,你和企业的命运就紧密地拧在了一起,企业的兴衰荣辱也就是你的兴衰荣辱。因此,每个员工都应该永远维护企业的形象。一名卓越的员工一定是以公司为荣,以成为公司的一员而荣,并将这种热爱落实在具体行动之中,时时刻刻维护企业的形象。

有一位中国教授在日本进行访问的时候,他的一位日本朋友带着夫人来到教授住的地方拜访。在客厅聊天的时候,那位日本朋友的夫人突然问了教授一句话:“为什么你不看索尼牌的电视呢?”教授看的电视是东芝牌的。教授笑了笑,没有说话。她又接着说:“我们索尼的电视很棒啊!”教授恍然大悟,这才知道,原来她是索尼公司的员工。其实,她在索尼公司不算一个卓越的员工,做的就是很普通的工作,既不是主管也不是高层管理人员,但她看到别人看的电视不是索尼牌的,她就会说出这些话来,因为她一直都有维护自己企业形象的意识,她觉得索尼公司的产品是最棒的,并以自己能在索尼公司工作而感到骄傲。

其实日本人都有这个习惯,都认为自己所任职的公司是最卓越的公司,所以他们对于自己公司的品牌维护得很好,如果看到有人使用的物品不是自己公司的品牌时都会问一问。如果你拿着佳能的照相机出去,恰巧被一名尼康的员工看到了,你可能会被问到为什么不用尼康牌照相机,这就是永远维护企业形象的意识。

如果说企业的硬件是肢体,那员工则是企业的血液和灵魂。作为企业的一名员工,不管走到哪里,都始终要记得自己是哪个公司的,记得维

护公司的形象。

员工走出公司的一举一动，无不在外人的眼中，并影响着企业的形象，员工的形象也就是企业的形象。特别是在客户的眼里，员工给客户自信的感觉犹如企业给客户公司实力的感觉，员工的谈吐影响着企业的信誉。

美国新奥尔良市的考克斯有线电视公司中有一位年轻的工程师，名叫布莱恩·克莱门斯，他的工作地点是在郊区。有一天早上，克莱门斯到一家器材行去购买木料。正当他等待切割木料的时候，无意中听到有人抱怨考克斯公司的服务差劲极了。那个人越说越起劲，结果有八九个店员都围过来听他讲。

布莱恩当时有好几种选择。其实他正在休假，他自己还有工作要做，老婆又在等他回家。他大可以置若罔闻，只管自己的事。可是布莱恩却走上前去说道："先生，很抱歉，我听到了你对这些人说的话。我在考克斯公司工作。你愿不愿意给我一个机会改善这个状况？我向你保证，我们公司一定可以解决你的问题。"

那些人脸上的表情都非常惊讶。布莱恩当时并没有穿公司的制服，他走到公用电话旁，打了个电话回公司，公司立即派出修理人员到那位顾客家中去等他，帮他把问题解决，直到他心满意足。后来布莱恩还多做了一步，他回去上班后，还打了个电话给那位顾客，确定他对一切都心满意足。事后布莱恩受到了公司负责人的高度赞扬，并号召公司全体员工向布莱恩学习。

维护公司形象不应只体现在工作领域，更应体现在每个员工生活的方方面面，尤其在与外部人员交往时，更应时刻注意维护公司形象，就像日本人那样无时无刻都能想到维护企业形象。

可以说，企业形象不仅靠企业的各种经营活动来维护，更要靠每一位员工从自身做起，塑造良好的企业形象。因为，员工的一言一行将直接影响企业的形象，员工的形象就代表着企业的形象。

另外,企业的荣誉与个人的荣誉是息息相关的,也就是“一损俱损,一荣俱荣”。所以,作为一名企业员工,要时刻牢记:你代表的不仅仅是你个人,而是整个公司,无论在何时何地都要维护好企业形象。你代表着公司的形象,公司的形象也就是你的形象。维护企业的形象,也是在塑造完美的自己。

2.一言一行时刻代表着企业

爱默生说:“美好的行为比美好的外表更有力量,美好的行为,比形象和外貌更能带给人快乐。”对职场中人来说,我们的言行具体体现在:对所有的人都以礼相待,尊重每一个人,并设身处地为他人着想,这样的人才受欢迎,也只有这样的人才能在职场吃得开,行得稳,兢兢业业地把事情做好。反之,不仅有损个人形象,企业形象也会大打折扣,因为你的一言一行时刻代表着企业。

有位企业经理讲过这样一件事情:

“有一回,我同某销售公司经理共进午餐。每当一位漂亮的女服务员走到我们桌子旁边,这经理总是目送她走过去。我对此感到很气愤,我感到自己受到了侮辱。心里暗想,在他看来,女服务员的两条腿比我要对他讲的话更重要。他并没有听我讲话,他简直不把我放在眼里。这样的人居然是一家公司的销售经理,看来这家公司的整体素质的确不怎么样。”于是,这位经理取消了和这家公司的合作。

任何企业都有一个属于自己的独特形象。或卓越优异,或平凡普通;或真善美,或假恶丑;或美名远扬,或默默无闻……良好的企业形象可以使企业在市场竞争中处于有利地位，受益无穷；而平庸乃至恶劣的企业形象无疑会使企业在生产经营中举步维艰，贻害无穷。企业形象不仅靠企业各项硬件设施建设和软件条件开发，更要靠每一位员工从自身做起，塑造良好的自身形象。因为，员工的一言一行直接影响企业的外在形象，员工的综合素质就是企业形象的一种表现形式。

员工走出公司的一举一动，无不在外人的眼中影响着企业的形象，员工的形象也就是企业的形象。特别是在客户的眼里，员工给客户自信的感觉犹如企业对客户表现公司实力的感觉。员工的谈吐影响着企业的信誉，如果员工在与客户沟通的时候满口脏话，客户对这个员工所讲的话就要产生一半的怀疑，客户可能对企业有看法。

如果客户说："你们公司管理很差。"而员工也跟着说："是啊，我也觉得难受。"然后客户就说："那就完蛋了。"员工如果说："其实不是这样的，我想你是不太了解我们公司，了解之后你一定会欣赏我们公司的。"两个不同的回答，即使客户对企业的印象是真实的，前一个回答会使公司形象更糟，而后一个回答则能挽回一定的形象。可能客户以前的确对这个公司有误解，通过这个员工维护企业形象的行为，则能抹去过去给客户留下的不良印象。

有一对夫妻，下岗后开了家烧酒店，自己烧酒自己卖，也算有了条活路。丈夫是个老实人，为人真诚、热情，烧制的酒也好，人称"小茅台"，有道是"酒香不怕巷子深"，一传十，十传百，酒店生意兴隆，常常是供不应求。看到生意如此之好，夫妻俩便决定把挣来的钱投进去，再添置一台烧酒设备，扩大生产规模，增加酒的产量。这样，一可满足顾客需求，二可增加收入，早日致富。

这天，丈夫外出购买设备，临行之前，把酒店的事都交给了妻子，叮嘱妻子一定要善待每一位顾客，诚实经营，不要与顾客发生争吵……

一个月以后，丈夫外出归来。妻子一见丈夫，便按捺不住内心的激动，神秘兮兮地说："这几天，我可知道了做生意的秘诀，靠你那样永远也发不了财。”丈夫一脸愕然，不解地说：“做生意靠的是信誉，咱家烧的酒好，卖的量足，价钱合理，所以大伙才愿意买咱家的酒. 除此还能有什么秘诀？”

妻子听后，用手指着丈夫的头，自作聪明地说：“你这榆木脑袋，现在谁还像你这样做生意，你知道吗？这几天我赚的钱比过去一个月挣的还多。秘诀就是，我给酒里兑了水。”

丈夫一听，肺都要气炸了，他没想到，妻子竟然会往酒里兑水，他冲着妻子就是重重的一记耳光。他知道妻子这种坑害顾客的行为，将他们苦心经营的酒店的牌子砸了，他知道这将意味着什么。

从那以后，尽管丈夫想了许多办法，竭力挽回妻子给酒店信誉所带来的损害，可“酒里兑水”这件事还是被顾客发现了，酒店的生意日渐冷清，后来就不得不关门停业了。

如果把这个小酒店看成一个小企业的话，这一对夫妻就是这企业里的员工。现在的情况是，由于一个员工的自私行动(给酒里兑水)损坏了企业的声誉，导致整个企业失败。从这件看似不大的事件里，我们能悟出这样一个大道理：一个企业员工，无论在任何时候，他的一言一行都代表着企业。也就是说，你如果不是维护企业形象，可能就会损坏企业形象，你必须为你的言行负责。

一个员工如果没有维护企业形象的意识，他肯定是一名不合格的员工。作为企业的一名员工，不管走到哪里，都要始终记得自己是什么公司的，记得维护公司的形象，这是作为公司员工的基本职业道德。如果四处毁谤企业，挖空心思讽刺企业的管理人员，那么在智者看来，不仅显得该职工素质低下，更说明该企业眼光太差。如此不值一提的企业，试问你怎么会选择这种企业作为就业的单位？

由此可知，只有企业发展了，员工的工资待遇才能更上一层楼；只有企业的社会声誉提高了，员工走在大街时才会有一种荣誉感。身为企业职工要时时处处关心企业发展。企业发展的重大方针、政策，遇到什么问题该找哪个部门协调等，这些都是我们员工应该关心的问题。只有员工了解了企业，才能为企业发展出谋划策，才能与企业风雨同舟。

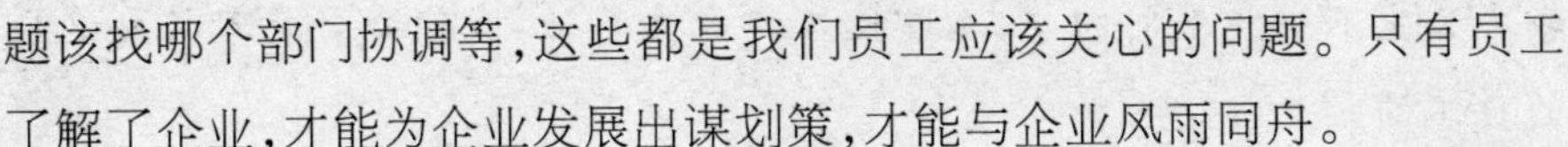

3. 重视个人职业形象

对一个企业来说，如果我们生产的产品包装不好的话，产品就很难销售出去。同样的道理，作为一个企业的职员，如果我们不能树立良好的形象，同样也不能把自己销售出去。如果我们没有良好的职业形象，就无法获得客户的认同。

职场中，一个人的优雅举止会使他充满魅力，即使是一个普通职员，如果他的举止优雅，也会赢得人们的尊重。因为在很多时候，一个人的职业形象直接关系到职场的成败得失，它甚至比一个人的内在品质更容易引起人们的瞩目。

如果说容貌、身体是个人魅力之行，那么气质、修养则是个人魅力之本。职场中，正确而优雅的举止，是个人职业形象的最好代表，它可以使人显得有风度，有修养，给人以美好的印象，正如艾默生曾说："优美的身姿胜过美丽的容貌，而优雅的举止又胜过优美的身姿。优雅的举止是最好的艺术，它比任何绘画和雕塑作品更让人心旷神怡。"反之，则显得粗俗，甚至失礼。

王彦是刚毕业的大学生，由于自身在学校能力出色加之成绩优秀，因而接到了某著名国企单位的面试通知。面试那天，王彦一身正装，神采奕奕地出现在面试现场，然而他并没有得到国企单位的录用，他很不服气，便打听到面试官的办公室，推门而入，质问面试官为什么没有录用自己。面试官看了看王彦说："一个在面试的时候坐姿随意、说话不注重礼节、进

我办公室不事先敲门的员工，即使工作能力再强，我们公司是不需要这样的员工的。”

职场有些人虽然仪表堂堂或是漂亮异常，但是举手投足之间便显俗气，惹人生厌。王彦虽然自身优秀，但是由于粗俗的举止使得自己丢了饭碗，不禁让人为之惋惜。因此，在职场中，要给别人留下美好而深刻的印象，外在美固然重要，而高雅的谈吐和举止则更让人喜爱。这就要求我们在平时的一举手一投足时，都要有意识地锻炼自己，养成良好的行为姿态，做到举止端庄、优雅得体、风度翩翩。

为了便于我们学习，下面对职场中站、坐、行等基本行为应具备的职业形象礼仪做一些简单介绍：

1. 站有站相

人的正常站姿，也就是自然直立的姿势，要求头正、颈直、两眼平视，嘴、下颌微收；双肩平且向后张，挺胸收腹，上体自然挺拔；两手自然下垂，手指并拢自然微屈，手指压裤侧缝；双腿挺直，膝盖相碰，脚跟并拢，脚尖张开；身体中心穿过脊柱，落在两脚正中。从整体上形成身姿挺拔、精神饱满的体态。

2. 坐有坐相

人的正常坐姿就是在身后没有任何依靠时，上身挺直稍向前倾，膝关节平正，两臂贴身自然下垂，两手随意放在自己腿上，两脚间距与肩宽大致相等，两脚自然着地。在正式场合，即使背后有依靠时，也不能随意把头向后倾靠，以免显得懒散。理想的坐相就是我们常说的“坐如钟”。

3. 走有走相

行走的姿势是每个人最基本的行为动作，也是行为礼仪中必不可少的内容。人行走的时候比站立的时候多，且行走多半在公共场所进行，所以，应该非常重视行走的姿态，以能给人轻松优美的印象。

人的正常行走应是身体挺立，两眼直视前方，两腿有节奏地向前迈步，并大致走在一条等宽的直线上。行走时要求步履轻捷，两臂在身体两侧自然摆动。走路时步态美不美，是由步度和步位决定的。如果步度和步位不合标准，那么全身摇动就失去了协调的节奏，也就失去了自身的步韵。

当然优雅的举止，还有很多方面要注意，比如不要在人前打呵欠，容易给别人留下不耐烦的印象；不在人前掏耳挖鼻，尤其是在餐厅里，大家正在饮茶、吃东西的时候，挖鼻孔、掏耳朵之类的不雅之举，往往让旁观者感到恶心；不在他人面前抖动双腿，因为双腿颤动不停，不但令对方视线不舒服，而且也给人以情绪不安定的感觉；平时要系好拉链和鞋带，鞋带忘记系上或是男子的裤子拉链忘记拉上，在大庭广众的场合，无疑是件有伤大雅的事；留的长指甲中不要有污垢，当和对方握手或者自己取烟、用筷时，半月形的指甲污垢赫然在目，实在不雅之极；不要用"喂"来喊人，应该以尊称或姓名称呼来招呼对方才对。

真正良好的职业形象，不仅仅体现在优雅的举止，还包括一个人的着装要大方得体。

在职场中，不得体的衣着会引起人们的反感，给人留下相当不好的第一印象。比如，一位员工如果以"西部牛仔"或"伴舞女郎"的打扮到办公室，肯定不会受到同事的尊敬，即使你能力再强，也难以改变这一状况。另外，"爱美之心，人皆有之"，美观得体的衣着，往往首先给人以悦目的感受，让人产生与他继续交往的愿望。"先敬罗衣后敬人"这一古语虽说从道德上讲有所欠缺，但它毕竟是一个我们无法改变的现实的社会概念。

得体的着装，并不是说一定要穿上价值昂贵的衣服，有时正好相反，一味追求华丽富贵，反而给人以庸俗的印象，关键是要整洁大方，能体现人的内在素质。现在有很多公司对所属雇员的着装都有"规定"，而它并不是说要穿得怎么好看或衣料质地好坏，关键是要符合审美的要求。

总之，注重个人形象的培养，不仅仅有利于你在职场的个人魅力展示，更多的是让你在职场上平步青云。

4. 关爱企业就是关爱自己

一个有责任感的员工，不仅仅要完成他自己分内的工作，而且他会时时刻刻为企业着想。老板也会为拥有能够如此关爱自己的企业、关注着企业发展的员工感到骄傲，也只有这样的员工才能够得到企业的信任。

孙立毕业后，在一家著名的广告公司工作，老板是一个比较聪明而有头脑的企业家，他为人亲和，做事认真，孙立真心地佩服他，希望可以跟着这位老板干出一番事业来。

孙立在这里干得很不错，深受老板的赏识，看着公司的订单一天比一天多，公司实力一天比一天强，孙立从心里感到欣慰。老板赚到了钱，也没有亏待孙立，不仅给他涨了工资，还给他上了三险。这样一来，孙立更加坚定了追随老板长期干下去的决心，他告诉自己一定要好好干，让自己和公司共同成长。

可是，好景不长，一年之后，公司资金出现了紧缺。原来，公司承接了一个项目，这个项目耗资巨大，公司所有的资金都垫付进去了，因此，公司资金暂时有些周转不过来。

在这种情况下，老板不得不宣布暂时停发工资，改到下个月一起发。为了打消大家的疑虑，老板还说："大家放心，这只是暂时的，等下个月公司资金周转开了，我会及时发还给大家的，请大家多多体谅。"当时所有的员工都相信老板所说的是实情，都表示没有问题。而此时孙立却在一旁暗暗地想："现在正是公司资金紧缺的时候，如果大家都能够伸出援助之手帮助公司集资，对公司来说岂不是一个莫大的帮助？"

可是随着这个项目的继续运作，资金更加紧缺，公司很快陷入停滞状态。别说员工的工资发不出来，就连平时的日常开支也不能应付了。公司前景暗淡，所有的人都觉得这样下去不是办法，此时孙立向老板说出了心中的想法：向全体员工集资。

一筹莫展的老板丧气地说："那能集多少钱啊？公司现在需要的不是一个小数目，就是能集几十万也无法解决问题啊！这些钱只是杯水车薪，很难应付整个局面的。"后来，这种现状依旧没有得到改善，很多员工都陆续辞职了，勉强留下的几个人也是人心涣散，没有拿到工资的人将老板的办公室围得水泄不通。

而孙立却选择留了下来，他相信沙漠里也有绿洲，奇迹随时都可能出现，因此当有人高薪聘请他时，他竟然婉言谢绝了。他说："我决不会抛弃现在的公司，只要它没有倒闭，我就会死死守住阵地。"老板问他为什么要留下来。他说："只有与公司风雨同舟才能在职场上长期发展下去，如果一遇到困难就脱逃，这样的员工是不会有什么发展前途的。"

后来，公司摆脱了困境，逐渐步入正轨，并很快获得了发展。孙立被提拔为副经理，成了业界颇有声誉的名人。

孙立的成功一方面来源于他本身的才能，另一方面也在于他有着多数人不懂得的关爱企业就是关爱自己的信条。在公司遇到困难的时候，他没有临阵脱逃，而是勇敢地选择与公司同风雨、共患难。试想，一个这样忠诚的员工，有哪个老板会不喜欢呢？

我国有一句谚语："树倒猢狲散。"意思是说，树木倒了，生活在树上的猢狲也都离开了，在职场中，它用来比喻员工对公司不够忠诚。公司发展好的时候，很多人趋之若鹜；公司一旦不行了，那些平日里口口声声喊着"忠诚"的人却纷纷离去。这样的员工只能与公司同享乐，却无法与公司共患难，永远都不可能想到关爱。

那些比较知名的公司，如IBM、海尔、华为、联通，它们的发展历程并非一帆风顺，也曾陷入困境，每一次困境都如同一把筛子，把那些急功近利的、目光短浅的员工筛走，留下的都是有责任心、能同甘共苦的精英。

只有他们才真正懂得:企业的命运就是自己的命运,关爱企业就是关爱自己。

1997年,意气风发的延俊华从清华大学毕业,很幸运地被深圳华为公司看中。在这个知名大企业里,他并没有像大多数初入职场的年轻人那样谨小慎微,而是表现出了“初生牛犊不怕虎”的精神。刚工作没几天,他就经过一番资料收集和市场调研,给华为老总任正非写了一封《千里奔华为》的信。

在这封信中,这个初出茅庐的小伙子十分尖锐地提出了华为目前存在的问题,并有针对性地提出了一系列非常系统、切实可行的建议。

这封信彻底改变了延俊华的事业之路。一个刚出茅庐的新员工就给这么一个各方面都已成熟的大企业写信,指缺点、提建议,实在是件很引人注目的事,也是多数人难以做到的一件事。但是,延俊华做到了,并且引起了总裁任正非的极大兴趣。任正非读完他的信后,感到非常欣喜,他被这个小伙子的大胆和远见震惊了,当场就称其为“一个会思考并热爱华为的人”,并当即决定提升他为部门副经理。

延俊华的确是一个幸运的人,但是,这幸运背后却显示了一个员工对公司的赤胆忠心。试问,为什么在那么多的新员工中,只有延俊华一个人被提升了呢?按理说,每个人都有这个升迁的机会,但是为什么只有延峻华一个人得到重用呢?

其实关键就在于延俊华站在公司的立场考虑问题,考虑公司的发展和前途,不是想当然地认为一个小小员工无需干涉公司的事,也没有觉得自己是个与公司毫不相干的人,而是把公司的发展前途看成自己的发展前途,始终站在公司的立场去提建议、找方法。

正如任正非所言,延俊华是一个热爱公司的人,他敢于说出真话,而且这真话确确实实是为企业考虑,更重要的是他将这种热爱转化为了一种行动。这种人才当然会获得老板的青睐。作为延俊华个人,在他被任正非委以重任的时候，他能不从心底里感谢任正非不重资历看能力的知遇之恩吗？他能不比别人成长得更快，全心全力报效华为吗？

在任正非看来，延俊华表面上看是“认真思考，敢于直言”的精神和态度，其实却是“爱公司如爱家”的企业文化精神，是一种关心公司前途的行为。这正是华为大力提倡和着力建设的。

个体永远是与集体联系在一起的，关心公司的发展前途其实就是关心自己的发展前途，如果一个公司没有了前途，那么作为员工，当然更没有前途可言了。当你全心全意为了公司的前途而出谋划策时，当你为了公司的发展而努力工作时，你已经得到了老板的认可，在老板眼中你已经是一个很有前途的员工了，那么，接下来的提拔和加薪自然会降临到你的头上。也就是说，当你选择进入一家公司后，就应该抱着一种和公司一起成长、共同发展的工作态度。

现实中，很多员工目光短浅，认为公司未来的发展与己无关，公司兴衰是老板的事，我一个小小员工有什么责任和义务去关心它的发展呢？只要关心好自己的前途就可以了。在他们眼里，关心公司的人都是傻子，公司又不是自己的，盈利与否，盈利多少都与自己无关。更有甚者，认为老板是剥削阶级，自己只是老板的赚钱机器而已。因此，他们不仅不努力工作，反而时常偷懒、拖拉、懈怠。这样的员工想要得到老板的赏识自然是不可能的。

其实，抱着这种心态的人，即使换一百个工作，即使在很知名的公司任职，也终是无法做出一番成绩来的。因为一个不关心公司长远发展的员工就无法获得更大的发展，没有发展，又哪会有成绩？

一个聪明的员工会把公司的利益放在首位，不管任何时候都不会做有损公司的事；一个聪明的员工总是维护公司的形象，做自己力所能及的事，关心公司的发展，成就自己的人生。

5. 处处维护企业利益

作为一名员工，应该认识到，公司的利益高于一切。无论在任何情况下，任何人都必须把维护公司的利益当做自己的首要任务。无论做任何的事情，首先考虑的是该事情对公司来讲有无好处，有无坏处。

公司利益是实现个人利益的基础，公司利益与个人利益并不矛盾，公司利益与个人利益紧密相连、相辅相成。公司利益最关键，公司能否实现可持续发展，直接关系到个人利益能否实现，只有公司的利益得到了保证，个人利益才有可能得到相应的保障。只有公司盈利了，我们个人的工资、福利待遇才能随之提高。从这个角度来讲，维护公司利益就是维护员工自身的利益。

维护公司利益包括许多方面，比如顾全大局、维护部门利益、坚决抵制破坏公司利益或公司形象的行为、正确处理个人与公司利益的关系等。一名优秀的员工不但应该是公司物质利益的维护者，更应该是公司形象的宣传者与保护者。

首先，维护公司利益是基本的职业道德。

维护公司利益是一名员工必须恪守的基本的职业道德。古人云："修身齐家治国平天下"，一名优秀的员工也应该如此，把维护公司利益作为自己基本的职业道德，使其成为修身的重要组成部分。

作为一名员工，不要忘了自己的角色，你需要为公司争取利益，而不是为了自己的利益去损害公司的利益。

"Fedex，使命必达"的广告口号，许多人朗朗上口。在联邦快递的电视广告中，救护车司机看到前方车辆拥堵，为了救人，赶忙直接将人抱起送医院，生怕耽误病人就医的宝贵时间。联邦快递因为大力网罗对工作充满使命感的人才，因此标榜能够提供及时可靠的快递服务。

联邦快递公司有一个很特别的“紫色承诺”，意思是不论付出任何代价，也要确保客户对公司的服务称心满意。为了做到紫色承诺、“使命必达”，不管碰到什么麻烦，联邦快递的员工都愿意多做一些、克服困难，以如期达成客户交付的责任。

一个风雪交加的晚上，快递公司要送一个非常重要的包裹给客户，送包裹的员工快到客户家时才发现，这位客户住在山顶上，大雪已经封死了上山的必经之路，而约定包裹送达的最后期限马上就要到了！于是这位员工当机立断，在没有请示公司的情况下自己做主雇了一架直升机，并且自己用信用卡支付了所有费用，把包裹送了上去。客户感动万分，马上向当地媒体通报了这件事。媒体的报道大大增加了快递公司的知名度和诚信度，使企业的形象得到了一次极好的提升，比做广告的效果好多了。

维护公司利益，从细处讲就是：要求员工尽职尽责，热爱本职工作，对客户负责，有强烈的责任感，能充分承担本职工作的经济责任、社会责任和道德责任，不做任何与履行职责相悖的事，不做那些有损于企业形象和企业信誉的事，更不做违背公司利益的事。

从某种程度上来说，不能维护公司利益的员工是相当可怕的，特别是那些身居要职而又居心不良的“精明能干者”。这种人参与公司的决策，了解公司的秘密，他们的某些行为甚至可能直接影响到公司的生存和发展。因此，一家公司所器重、所信赖的员工，往往都是那些维护公司利益的人。

企业在发展过程中也经常会遇到不利的甚至是负面的事情的影响，比如客户投诉或者法律诉讼，在这种情况下，每名员工都应该从维护公司利益的大局出发，贯彻企业的经营理念，认真细致地解决问题，正确化解各种矛盾，积极消除不利影响；而不是无谓地传播甚至夸大这些不利影响，散布不利于企业的言论。只有全体员工都一心向上，劲往一处使，企业才会不断向前发展。企业成功了,员工的自身价值也会随之而提高。所以,每名员工在日常工作中要多做对维护企业声誉有利的事,而不做有损企业利益和名誉的事。

况且,任何人都不会容忍别人背叛自己,你的老板也不例外。

所以说,一个优秀的员工首先应该把公司利益放在第一位,无论何时何地,都要最大限度地维护公司的利益。只有那些时刻将公司利益置于首位的人才会赢得老板的赏识,才能够得到更多的晋升机会与更大的发展空间。

作为企业中的一员,你的工资从哪里来?公司的利益其实也是个人的利益。大河与小河的关系是再浅显不过的道理。就这个角度而言,维护公司利益就等于维护个人利益,无论何人,也无论何时何地,都应遵循这一原则。

在市场经济时代,很多人都把个人利益放在第一位,在工作时间之外,很少考虑公司的利益,更别说为公司做宣传了。这种人根本就没意识到,其实为公司着想,为公司赢得利益,也是为自己着想,也会为自己带来利益。

6. 营造企业和谐气氛

和谐的企业氛围是指整个企业内部团结、融洽,员工之间互相尊重,互相信任,上下级真诚相待。和谐的工作氛围能极大地提高员工的工作积极性,使每位员工都积极贡献自己的力量,朝共同的组织目标努力,从而提高企业整体的工作效率。可见,营造和谐的企业氛围对企业提升核心竞争力至关重要,对员工的职业发展也很重要,所以我们身在企业,就要善于营造企业的和谐气氛。

作为一名员工，营造和谐气氛要做的主要是与上司和睦相处、与同事和睦相处。

工作是联结上司与下属关系的第一尺度。和上司相处既简单又复杂，努力工作是为“简单”，调整心态却显“复杂”。和上司融洽相处，不仅有利于工作的顺利进行，有利于个人的发展，更体现了个人的修养学识和人格魅力。

不管上司是怎样性格的一个人，作为下属，首先要端正好工作态度，将敬业、认真放在第一位，在此基础上还应保持相对的热情。企业是一个讲效率的地方，如果做事总是慢半拍，即使再认真，也不会让上司满意，相反，还会被认为是其能力不够所致。同时，工作中要积极主动，如果能在完成工作任务的前提下，再主动承担一些工作，这不仅能让上司看到下属的努力上进，更为重要的是，它锻炼了自己的能力，这是一生都受益无穷的。而当一个人把更多的时间都用在工作中时，自然就少了抱怨和不满。少发牢骚多做事，这也是办公室生存法则之一。

如果把工作做到了更好，就能获得上司的承认，同时也需要对上司保持一种不卑不亢的态度。要知道，上司的严厉很大原因是为了把工作做到最好，而从其内心而言，他也并不希望下属害怕他。因此，既不必把他看做极端可怖的“鬼”，也不用将他奉为慈悲为怀的“佛”，而是要保持一颗平常心。

一个职场人和上司在一起的时间毕竟不是很多，大部分时间都与同事在一起工作，所以处好同事间的关系，与同事和睦相处，这对于和谐的企业气氛至关重要。

好同事其实就是好伙伴。曾有一位女职员这样感慨地说：“我有好几次跳槽的机会，可我留恋现在的办公室，同事关系特别融洽，大家互相关心，出现了什么状况一起解决。前一阵子我爷爷过世了，我的心情很不好，办公室的同事都特别照顾我，那天他们突然送给我一幅用1000个字模拼成的漂亮拼图，我好激动，这是大家的心意呀。今年，我们几个好同事打算结伴去游一趟云南，不是说‘居好邻，行好伴’吗？我十分相信这一点!”

在企业里,坦诚相待是润滑剂。一个企业集多人的优势于一体,同时也把各自的利益绞在一起,这样,相互之间难免会发生某些摩擦。要克服这一局限,就必须利用坦诚相待这个润滑剂。对同事要进行感情投资,使大家在和谐、团结的气氛中共事,形成荣辱与共、休戚相关的团队精神,并多真心诚意地交流沟通。

在企业里,取长补短是动力。每个人都有自己的优势,也有自己的不足之处,所以彼此应该相互尊重、取长补短、优势互补,以发挥个人与集体优势,在竞争中获胜。这样一来,既赢得了友情,又增强了合伙企业的凝聚力。

“你把最好的给予别人,就会从别人那里获得最好的。你帮助的人越多,你得到的也越多。你越吝啬,就越一无所有。”企业和社会一样,只有那些乐于帮助他人的人才会获得别人的尊重。

曾经,一个商人有两头家畜:一匹马和一头驴。一天,商人买了许多商品,并把这些商品放在马和驴的背上。马和驴把商品运回家。几分钟后,马对驴打招呼:“哈,伙计。”“干什么?”“我运得太多了。我受不了了。你能帮我一下吗?”驴立马回道:“不,不,不。对不起。我负担过重,我无论如何也帮不了你。”最后,马死于过度劳累。商人只有把马身上的商品放在驴背上。

多么愚蠢的一头驴啊!如果他帮了马,就无需运这么多商品。你可以猜想最后发生了什么:是的,驴也由于过度劳累而死!

职场中,每个人都应懂得,对同事友好就是对你自己友好。帮助同事就是帮助你自己。企业有了和谐的气氛,既有利于企业的发展,也有利于我们自身的发展。

营造和谐的气氛,还要注意不搞小集团,不搞窝里斗,而且为了维护企业的利益,要敢于和不良风气作斗争。

每一个公司都会有一些“老鼠屎”，不仅不努力，还会惹是生非，为自己的小利小惠争来斗去，比如在公开场合，大家都是好同志、好兄弟、好姐妹，笑容满面，一团和气，背地里则咬牙切齿，磨刀霍霍，甚至使坏弄鬼，放暗箭，打冷枪。这种阴谋诡计当然是因为“面子”——既然是“一家子”，就该团结、和睦，不能“当面锣对面鼓”地公开叫板，谁要是公开翻脸，便是大家作对，那可就“乱了套”了。这个风险，谁也担不起。所以，不到万不得已，一般都不会撕破脸对着干。这种人对企业人际关系的影响至为深远，性质恶劣，不仅影响企业的凝聚力，对于企业的发展和个人的发展，都危害严重。所以维护企业利益、一心想着为企业争光的员工是绝对不会参与这样的窝里斗的。

还有一种窝里斗就是软磨，用软刀子，对同事之间的关系、团队合作及企业的全面发展都有极大的杀伤力。“当面”和“硬来”都会让人警觉，既让当事人警觉，又让旁观者警觉，“鬼”就不好搞了。如果用“软刀子”、“软功夫”，便不难在不知不觉中杀伤对方，即便被发觉了也难以还手。可以进退有致，所以这种爱搞“软功夫”的人也不少。

还有一些人则酷爱做小动作。比方说，打小报告，闹小纠纷，制造小摩擦等等。这也很不好对付。第一，不容易发现。第二，不大好还手。因为那些名堂实在太小。如果认真对付，既不值得，别人也会认为这是“小题大做”。和你关系不好的人会说：“屁大的事闹什么闹？太没涵养！”和你关系好的人会说“小不忍则乱大谋，还是不要因小失大”。但是，事有大小，是非却不因其小而不是是非。小麻烦也是麻烦，小纠纷也是纠纷。它们对人心理、情绪上的刺激，也不可小看。更何况，小东西多了，也能闹出大事情。比如蚊子虽小，如果成群结队也能把人咬死。可见，小动作、小报告、小纠纷、小摩擦，也能置人于死地。所以，维护企业的利益和形象，保护企业的团结，对于这种“小题”也要“大作”才行。

所以，作为把企业作为自己发展的平台，与企业共进退、同命运的员工，是不会卷入窝里斗中去的，而且还要敢于站出来，勇敢坚决地与“窝里斗”的行为展开斗争，一旦有所察觉，要进行制止，对不听劝阻的，要及时报告；更要以身作则，带头引领一个积极、健康、向上的企业风尚。充耳不闻、视而不见或对老板打马虎眼，就是在助纣为虐，充当帮凶。也许有人会认为自己是在明哲保身，或只要自己不参与就万事大吉，但企业是大家的，也是你的，企业受到损害，于己于人，都没有好处。所以，一个热爱企业、忠于企业的员工一定要敢于抵制这些歪风邪气，维护企业的利益。

7. 努力让工作尽善尽美

把工作做到完美，是所有优秀员工追求的一种境界，它可以让一个默默工作的员工在公司里脱颖而出，更能够给企业增添一道亮丽的风景。

什么是完美的工作？完美的工作就是以一种精益求精的态度要求自己，尽职尽责、尽善尽美、竭尽全力地做好自己的工作。把工作做到完美，是合格员工最基本的工作准则。

一个员工的成功，与一个企业和公司的成功一样，都来自他们追求卓越的拼搏精神和不断超越自我、完善自我的不懈努力。

一个人成功与否在于他是否做什么都力求做到完美。优秀的员工无论从事什么工作，他都决不会采取敷衍了事的态度。因此，在工作中就会以最高的标准要求自己。能做到最好，就必须做到最好。这样，对于公司来说，你才是最有价值的员工。

工作中要认真对待每一件小事，把寻常的事做得不寻常得好。要么不做，要做就做到最好。只有树立这样的高标准，才能使每项工作和每个人取得最快的进步。

在某大公司里，悬挂着一句格言："在这里，一切只求尽善尽美。""尽善尽美"值得作为我们每个人的终身格言！假使每个人都能采用这一格言，实践这一格言，不论在做什么事时，都能做到至善之努力，以求至美之结果，那么，人类的福祉真不知要增进多少啊！

有一个刚刚进入公司的年轻人，自认为专业能力很强，对待工作十分随意。有一天，他的上司交给他一项任务——为一家知名的企业做一个广告宣传方案。

这个年轻人自以为才华横溢，用了一天的时间就把这个方案做完了，交给上司。他的上司一看不行，又让他重新起草了一份。结果，他又用了两天时间，重新起草了一份，交给上司看了之后，虽然觉得不是特别完美，也还能用，就把它呈报给了老板。

第二天，老板让年轻人的上司把他叫进了自己的办公室。问他："这是你能做得最好的方案吗？"年轻人一怔，没敢回答。老板轻轻地把方案推给了他，年轻人什么也没说，拿起了方案回了自己的办公室。

第三天老板又问："这是你认为做得最好的吗？"

"嗯……"年轻人犹疑地回答："我相信再作些改进的话，一定会更好。"

老板立刻把那个方案退还给了他，年轻人拿起了方案回了自己的办公室。

然后，他调整了一下自己的情绪，又修改了一遍，重新交给了老板。老板还是那一句话："这是你能做得最好的方案吗？"年轻人心中还是忐忑不安，不敢给予一个肯定的答复。于是，老板让他还是拿回去重新斟酌，认真修改。

努力才有收获，奋斗才有成绩。只有经历艰难困苦，才能取得世界上最大的幸福，摘取最丰硕的果实。因此，对于普通员工来说，只有全心全意、全力以赴地做好自己的工作，才能既为公司创造利润，又为自己的发展奠定基础，从而获得双赢的结果。

每个企业都可能存在这样的员工：他们每天按时打卡，准时出现在办公室，却不能够及时完成自己分内的工作；每天依旧早出晚归、忙忙碌碌，却在做事上面不愿尽职尽责、踏踏实实。对这部分人来说,工作只不过是一种应付而已;上班要应付、加班要应付、上司分派的工作要应付,于是就这样,顺理成章地在遇到工作检查时更要应付,甚至就连睡觉时也要忙着应付——好好想想应该怎样去应付明天的工作。

应付了事,其实也是员工缺乏责任心的一种表现,它实际就是工作中的失职,是隐藏在通往成功道路上的一颗定时炸弹,一旦时机成熟,就会轰然爆发、贻害无穷。然而,让人心痛的是,这种现象在我们的工作中依然普遍存在着。

在很多公司中,令老板最头疼的就是员工对布置的工作,不会积极努力地去做,不按质按量地去完成,而只做一些表面文章。他们不重视日常事务,基础工作不够踏实、不够完善,审核之前实行突击战略,应付了事,对于这种工作风气,实际效果可想而知。

工作不认真、不主动,应付了事,什么事都不追求最好。从某种意义上说,这种应付工作的态度比拒绝执行更加可怕。如果你拒绝执行,管理者会找一个人来替换你的工作,而应付者则从一开始就蒙住了管理者的双眼,让危害在最后时刻爆发,到时再想挽救,自是难如登天。

对员工个人来说,养成了应付了事的恶习后,必定会轻视自己的工作,甚至轻视人生的意义。工作是人们生活的一部分,应付自己的工作,不但会降低工作效率,而且还会使人丧失做事的能力。所以,只有调整好自己的工作态度,无论做什么事都可以静心地完成好,一切事情发展都会朝着良性、光明的方向进行。

当然追求尽善尽美、把工作做完美是每个人的梦想,但是要做到完美却不容易,那么,如何在工作中做到完美呢?一位企业管理专家给了我们以下建议。

⑴给自己制定一个高于他人的标准。

如果满足于目前的成绩,按照目前的标准要求自己,那么,想要超越自我,实现完美,是永远不可能的。我们要学会给自己制定一个高于他人的标准,并且朝着这个标准去努力,即使最后达不到这个标准,我们的成

绩也会有很大的提升。

⑵从自己做起，从现在做起，从一点一滴做起。

要在每一天的工作中告诫自己：一定要让今天的工作做得比昨天更好，一定要让团队的业绩做得比以前更好，一定要让公司的效益一年比一年更好。唯有如此，才能超越平庸，获得发展。

⑶要有刻苦敬业、不达目的不罢休的精神及过人的精力。

成功人士有自信但绝对不自满，他们不管做什么事情，必然都会全力以赴，能做到100分决不只做99分。那些能把自己的工作做到最好的员工往往是具有工作激情的员工，正如歌德所说："把工作做到最好和负责到底，没有激情绝对是不可想象的。"具有工作激情的员工一定是自信而快乐的成功者。

⑷具有超越自己、拒绝平庸的工作精神。

我们要有突破传统、尝试新事物和解决困难的勇气，还要有承受压力的胆识。

⑸要全心全意、尽职尽责地做好自己的工作。

所以，职场中人一定要尽心尽力，将工作做得尽善尽美。

8. 问问自己为企业做了什么

"我为企业做了什么？"这应该是每一位员工从进企业那一刻就该自问的事情。

在问这句话之前，一定要先主动地、积极地、创造性地把属于自己的工作做得尽善尽美，然后你才能获得"企业能给我什么"的报酬。你应该明白，你和企业的工作关系是这样的：你是执行企业分配的工作，而不是你安排企业的工作。工作中遇到林林总总的问题时，不要抱怨，而要敢于面对和迎接。当周围的人们都喜欢找你解决问题时，你就取得了胜人一筹的优势，企业自然会知道你是一个良才。

企业聘用你，不是为了供养你，而是因为需要你。不怕被"利用"，就怕你"没用"。愿意奉献与付出的员工，一定能成为企业里的"大忙人"与"抢手货"；那些满嘴牢骚、满腹抱怨的员工，一定会成为企业里的"大闲人"与"蹩脚货"。

企业聘用一个人，给他一个职位，给他与这个职位相应的权力，是为了让他完成与这个职位相应的工作，而不是让他在这个职位上休息。

1961 年 1 月 20 日，美国最年轻的当选总统肯尼迪发表了著名的就职演说，其中那句"不要问你的国家为你做了什么，而应问你能为你的国家做些什么"更成为经典名句，广为流传。肯尼迪的这句话是站在一个国家的高度来讲的话，但它所折射出来的现实意义同样适应于企业。

有很多刚进公司的新员工这样想："我进了这家公司，公司能为我带来什么呀？能给我多少薪水啊？能给我提供发展的机遇吗？"而不去想自己能为公司做什么，能为公司创造多大的价值，是否对得起公司发给的薪水。他们甚至对薪水斤斤计较，总觉得公司发的薪水少于自己的付出，公司占了自己的便宜。于是就感到心理不平衡，就对公司有意见，就懈怠工作，却不去想想公司为培训他们，要花多大的成本。

一般来讲，刚进公司的新员工，因为职业素养不高、专业技能不足、实践经验不丰富，创造的价值小，所以薪水就少。当你创造的利润不断增大，或者为公司的品牌知名度不断增光添彩时，你所获得的薪水自然随之增多。与其盯着薪水攀比，不如想想如何承担起自己的工作使命和工作责任，怎样做好工作为公司创造更大的价值。

在宾夕法尼亚的山村里，曾有一位出身卑微的马夫，他后来成为美国著名的企业家，他就是查理·斯瓦布先生。

斯瓦布小时候只受过短短几年教育，从 15 岁起，他就孤身一人在宾夕法尼亚的一个山村里赶马车谋求生路。两年之后，他才谋得另外一个

工作，每周只有25美元的报酬。在这期间他每时每刻都在寻找机会。功夫不负有心人，没多久他成为卡内基钢铁公司的一名工人，日薪1美元。做了没多久，他升任为技师，接着升任为总工程师。过了五年，他便兼任卡内基钢铁公司的总经理。到了39岁，他一跃升为全美钢铁公司的总经理。

斯瓦布由弱变强的秘诀是：他每得到一个位置时，从不把月薪的多少放在心上，他最注意的是把新的位置和过去比较一番，看看是否有更大的前途。

当他还是钢铁公司一名微不足道的工人时，他就暗暗下定决心："总有一天我要做到高层管理，我一定要作出成绩来给上司看，使他自动来提升我。我不去计较薪水，我要拼命工作，我要使我的工作价值远远超乎我的薪水之上。"

工作就是你的责任和义务，你要做的就要尽心尽力地把它做好，而不是去想你的薪水或是企业对你的待遇，更不能责怪企业对你不公或待遇太低，而要首先问问自己为企业做了什么？不去计较薪水而分散自己的精力，便得以拼命工作。使自己的工作价值超乎薪水之上，公司才会带给你更多，加薪、晋升就成了水到渠成的事。

一个人对薪水斤斤计较，甚至整天琢磨怎样少干活、多捞钱，就失去了工作的动力，甚至藏奸耍滑，使自己的工作价值小于薪水。这样的员工怎能赢得上司的青睐呢？怎能获得发展的机遇呢？他们只会丧失在公司发展的机会，迟早被公司淘汰。

有一个人大学毕业后进了一家公司，在财务部任职。老板说，试用期是半年，干得好，半年以后加薪。

他刚到公司上班时，干劲特别足，每天干的活一点也不比老职员少。可干了两个月后，他觉得凭借自己在公司能独当一面的能力和工作量，完全可以获得更高的薪水，老板应该提前给他加薪，而不必等到半年以后。

从此他的工作态度来了个一百八十度的大转弯，对待工作不再像以前那样认真、细致，月末单位赶制财务报表需要加班加点时，他对同事说："你们加班是应该的，我的任务白天已经完成了。"言外之意，我的薪水低，没理由和你们高薪族一起加班。

半年过去了，还是没有加薪的迹象，他愤愤地离开了公司。后来这家公司的同事私下跟他聊天："真遗憾，你白白错失了一个加薪晋升的良机。老板看你工作扎实，业务能力又强，本来想在第三个月就准备给你提前加薪，半年后，如果干得好，还有意提拔你为主管会计。"

一个多么好的发展机遇，就因为对薪水斤斤计较而丧失掉了。有些人，自以为自己有较高的专业技能，就把这当成了跟老板谈判的资本，还没为公司创造多大价值呢，就要求获得高薪，一时得不到满足，就算计"给多少钱，干多少活"。有哪个老板欣赏这样的员工呢？老板欣赏的是那些有工作使命感、敢于承担责任、全力以赴的员工！

《圣经》中有一句话："你用什么量器量给别人，别人也必会用什么量器量给你。"你能为公司创造什么样的价值，公司就会给你什么样的回报。当你的工作价值超乎薪水之上时，你一定会从公司获得非凡的发展机遇。

在这个竞争激烈的市场经济时代，企业失去了"政府保护"，员工失去了"铁饭碗"。企业只有依靠全体员工共同努力，才能赢得利润，企业才能生存下去，员工的生活才有保障。也就是说，只有员工创造出经济效益，员工才能获得应该得到的薪水，企业也才能运转下去。如果企业垮掉了，自然是树倒猢狲散，员工另谋生路。

所以，进入企业以后，不要抱有"万事大吉"的思想，以后就由企业养着了。这种思想容易滋生人的惰性，会让人不思进取，得过且过。应该多问问自己：我为企业做了什么？树立养活企业的思想，一旦工作不努力，企业的经济效益就会受损失，企业就岌岌可危。只有全力以赴、尽职尽责，企业才能持续健康地发展下去，自己才能把企业提供的发展机会变为现实。

9.想想企业还需要自己做什么

企业是一个大的持续运行的整体，每个人在企业中发挥的作用是不同的。你在企业中处于什么位置，企业需要你做什么，自己应该清楚。

如果你是一家超市的营业员，与你直接接触的是顾客和商品。那么，你的工作就是管理好商品，留住顾客，让他们成为永久的“上帝”。如果你不清楚商品的种类、商品摆放的位置、商品的库存以及商品的适销情况，那么就是你的失职。

只有清楚自己在整个企业中处于什么样的位置，在这个位置上应该做些什么，才能把自己该做的事情做好，圆满地完成老板交付的工作，进而为自己的职业成功赢得机遇。

在西点军校，每一位学员都会受到这样的教育：在战斗中守住你的位置。守住你的位置是每一个军人要记住的命令，军人就是因为这个使命而产生的。不仅每一个士兵要做到，而且每一个军官都要明白自己的位置，也要明白自己的任务。如果让你赴汤蹈火，你就应该在所不辞。

西点名将巴顿将军曾在第二次世界大战中立下了赫赫战功，他认为自己能打胜仗的秘密在于：“在每一个位置上安排好能绝对执行你命令的将官，然后让这些将官将每一个士兵训练成能胜任位置的勇士。”

林肯出身贫寒，有人问他为什么能当上总统，林肯说：“每一次获得工作的机会，我都会怀着感恩的心情加倍去努力，我能干好每一个我干过的职位，所以我也能干好总统这个职位。”

许多员工认为自己只是一个打工者，与企业只是一种雇佣与被雇佣的关系，甚至有意无意地将自己置于同老板或上司对立的地位，这是一种错误的认识。

一位朋友找到一位职业咨询师征求意见。他说，猎头公司找到他，说有一家 IT 公司请他担任总经理，年薪 16 万美元。去不去？他希望咨询师出出主意。

这个主意很难出。职业咨询师说：我们只是一起分析一些利弊，最终还得由你自己慎重考虑。

过了几天，这位朋友告诉咨询师，考虑定了：不去。咨询师问为什么？他说，16 万美元年薪的报酬当然很有诱惑力，工厂是朝阳产业，也不是没有干头。但是，人家出 16 万美元不是白给的，如果去了，就应当帮人家一年多赚 160 万美元，至少也要多赚 100 万美元。否则，用不了一年就一定会被解聘。到那时，我就一钱不值了。而这个行业竞争很激烈，自己估量并没有必胜的把握。所以不如先不要答应，继续做好为自己充电的准备。

职业咨询师很赞成他的决定，赞成他在择业时首先考虑的不是企业能给我什么，而是我能为企业做什么。咨询师认为这是一种正确的思维方法。

公司是全体员工生存和发展的平台，离开了这个平台，个人的才华便难以施展。我们是在为自己工作，是为了提高自己成就事业的能力而工作，努力工作是我们成就事业的关键要素。我们必须对自己进行正确的定位，摆正自己的位置，以平和的心态在自己的工作岗位上做出不平凡的成绩。

也许有人会说，我们当然是为企业工作了。是的，我承认。但是，你是否认真思考过，我们为什么要工作，又或者我们能够从工作中得到什么呢？工资吗？是的，但还远不止这些。现代心理学研究早就验证，工作带给我们的还有完成任务的成就感，隶属于组织的归属感，成功后的荣誉感，以及自我价值的实现等。身为员工，只有正确认识个人与企业的辩证关系，心态才能健康积极。一个心态健康向上的人，才会更敬业爱业、同时会更优秀。不论你在企业中从事于哪个岗位，必须要调整好心态，因为态度就是竞争力，态度才能决定一切。拥有积极心态的员工会越来越深地体会到，工作本身所能带给个人的附加值，比工资多得多。在现有的工作中积累的经验和不断提高的业务水平，是花钱都学不到的，这也绝不是金钱可以衡量的。

因此，我们可以说员工的利益与企业的利益是一致的，员工为企业创造价值的过程，也是在实现自己的人生价值。如果说企业是一条船，那么这艘船会满载着员工共同驶向宽广的事业之海。对每一个员工来说，“企业就是你的船”，在这条船上，企业是每一个员工命运的载体，企业的发展与员工息息相关，如果我们选择了为企业工作，就必须要有与企业荣辱与共的信念！这是对企业负责，更是对自己负责。

当我们赖以生存的企业面临改革的时候，作为一名普通员工，是否应该更多的问问自己：我到底能为企业做些什么，我为企业作了多少贡献，而不是一味地抱怨工资待遇等等。“我能为企业做些什么”呢？这既是一个职业道德问题，更是一个职业能力问题。作为企业的员工，应该具有高度的职业精神，忠于企业，爱岗敬业，与企业的经营理念保持一致，为企业的发展出谋划策，主动“从我做起，从现在做起”，用行动体现自身的价值，用奋斗诠释能力的不凡，用结果演绎过程的精彩。如果“我”有与众不同的能力，那就要创造价值，以优异成绩来证明；如果“我”缺乏与众不同的能力，那就要加倍努力，以勤勉成为企业的真正一分子。这才是一个企业人应有的态度和素养，也是一个职业人可循的成长和成功之道。

美国总统肯尼迪有句名言：“不要问你的国家能为你做些什么，而应该问你能为国家做些什么。”这是他出任第 35 任总统在就职典礼上的致辞。这句话意味深长，影响深远，成为美国国家价值观的一部分。在这里，我不妨把它引申为这样的一句话“不要问企业能为你做些什么，而应该问你能为企业做些什么”。当我们的企业面临改革、需要我们每一位员工支持、理解、尽一点绵薄之力的时候，我们每一位员工都要以积极的态度投身到企业改革之中，真正成为企业深化改革的拥护者、促进者和参与者。

只要我们每一个人都以企业为家，以集体利益为重，多想想企业还需要我们做什么，竭力发挥自己的潜能，群策群力；努力进取，让企业这艘大船平稳前行。

10. 企业发展伴自己成长

相传佛祖释迦牟尼曾考问弟子："一滴水怎样才能不干涸？"

弟子们冥思苦想：孤零零的一滴水，一阵风能把它吹干，一撮土能把它吸干，其寿命有几何？弟子们百思不得其解。

释迦牟尼说："把它放到江河海洋里去。"

对于职场来说，这江河海洋就是我们所在的企业，我们每一个员工就是那江河海洋中的一滴水珠。我们往往赞美江河的奔腾、豪放，大海的辽阔、壮观，殊不知浩浩江河海洋是由无数区区水滴汇积而成并日益壮大的。水滴既能在汇成的江河海洋中找到自己的位置，又能感受到江河海洋赋予的温暖和力量。二者之间是你给我温暖和力量，我给你奇迹和壮观，共生共荣、密不可分的依存关系。

企业为我们提供了生存、工作和学习的土壤，我们应为它的安宁、和谐和发展尽微薄之力，因为我们是其中的一员。企业发展了，我们的人生也会随着企业的辉煌而灿烂。

曾经认识一位做"理保"的员工，他在一篇日记中这样写道：

作为一名普通员工，身边经历的一点一滴，亲眼所见的一言一行，真的让我感动许多，震撼许多。这一切已经使我融入了这个大家庭，我愿与这个大家庭成长的脉搏共同跳动。我是在企业的发展中逐渐成长起来的。

我是一名理保人员，刚进单位时，什么都好奇，什么都想学，于是每天跟着师傅学习，一开始认为很简单就是理理货，报个账，后来自己工作了，随着工作实践的积累才发现自己的业务知识十分欠缺。只有不断的在工作中学习，在学习中工作，才能更好地提高业务知识和管理水平。

在提高业务知识的同时也要提高服务能力。货主是港口的直接消费者，没有货主，港口便失去了存在的价值，我们也就失去了赖以生存的衣食父母。我们每一位员工都要增强危机感和服务意识，一切为了“上帝”，上下齐心，从自己做起，从现在做起。真正让货主满意，才能留住老客户，不断吸引新客户。

树立良好形象。作为港口这种服务企业的员工，首先要努力营造一种良好、开心的工作氛围，让自己保持微笑的面容，把企业最好的精神风貌展现给外界。货物就是货主的财富，我们应该视货主货物为港口物资倍加爱护，尽量避免任何损害货主利益的事情发生。公司的货物种类繁多，我们除了收发准确之外，还要熟知各种货物的基本性质，具备一定的货物保管知识。平时对货主要热情周到、有问必答、不厌其烦，不要斤斤计较个人得失。我们尤其要谨慎对待货主的要求，合理的要尽快完成，不能重承诺、轻落实甚至不落实。对于无法做到的，要耐心向货主解释清楚原由，争取货主的理解和支持，找到更好的解决途径。如果有作业要牵涉到货物或货主利益的，我们要提前与货主协调，征得货主同意方可进行。没有货主就没有企业，没有货主就没有我们生存的源泉。因此说：“货主永远都是对的”，因为他是上帝、是衣食父母。我们要有这种心态去开展工作，去面对货主提出的各种要求，去改进我们的工作方法，去协调各方关系，去创新工作思路，去适应货主个性化、差异化的要求。工作中出现了问题，找客观少一点找不足多一点，找理由少一点找差距多一点，主动承担责任，勇于修正失误。

总之，我在工作中学到了很多，不仅是工作技巧，还有做人的道理。企业发展了，我也在企业的发展中渐渐成长起来了，感谢企业！

这位“理保”员工的感受很深刻，发自心底，也很有普遍意义。我们许多员工都是这样，是在企业的发展中一步一步成长起来的。

一滴水，只有融进大海，才会有波涛澎湃的壮美。一粒砂，只有化入山脉，才会有穿空裂云的宏伟。一个人只有把自己的全身心献给自己的事业，他的生命才会在奉献中发生耀眼的光辉！

上海某企业为了激发员工的工作热忱，曾主办过一次演讲比赛，其中一名姓曹的员工，他的演讲十分精彩，博得了阵阵掌声。下面摘引他在演讲中的一段话：

我在上海城市园艺场工作，起早贪黑地干，边干边学，一心想着能早点把现代农业知识学到手，将来哪天回到家乡能派上用场。“功夫不负有心人”，我进城市园艺场半年多，就初步掌握了现代农业生产的基本知识，我的努力和付出也得到了意想不到的回报。城市企业总裁根据我的表现，破格提拔我为生产组长，负责大棚的蔬菜种植。想不到我这个从安徽来沪打工的农民，也受到了领导的重用，从此，我在园艺场干得更欢了。

掐指算来，我在上海城市园艺场已经干了十年了。这十年也是城市企业飞速发展的十年：当年我刚进城市园艺场时，只有闵行区华漕镇的二三十亩地，现在已发展到在闵行马桥、浦江、嘉定华亭和江苏昆山、云南昆明、海南临高共拥有七家园艺分场，总种植面积达 5360 亩地的农业生产规模。

企业发展我成长，现在我不仅能用大棚科学种田、有机种植，还掌握了种植 100 多种进口洋蔬菜的农业技术；而且我的文化水平也在不断提高，不仅能详细制订整个园艺场全年的种植计划，还会填报连刚出校门的农科大学生也摸不着头绪的有机农产品申报单，我正在朝“有文化、懂技术、会经营的社会主义新农民”的发展方向努力。

上海是我的第二故乡。8 年前，我就把妻子和儿子接到了上海，还在恒升花园购置了面积达 90 多平方米、拥有 2 房 2 厅 2 卫和车库的新公房；城市企业根据实际工作需要，分给我一辆箱式小货车，当我驾车奔驰在市郊土地上的时候，我感到自己确确实实地成了一名有房有车的社会主义新农民。

企业中的每个人都是这个大家庭中的一员，企业是我们的工作也是我们的事业。尽管每个人的职位、岗位、工种各有不同，能力有大有小，但我想只要每个人都努力把自己分内的工作干好，为企业尽到自己的责任，企业的明天一定更美好。

就我而言，自从加入这个企业以来，就将它当成了我生存的基础。大河有水，小渠才不会干涸；企业兴旺，员工才有可能受益。为了我们能够有一个持久良好的工作，为了我们能有一个美好的明天，我们要努力奉献自己的每一份光和热。

这位园艺场员工的话，说出了一个很寻常的哲理：个人的发展与企业的发展休戚相关。在职场，许多人之所以感到特别的幸运，是因为企业得到了大发展，为自己提供了一个良好的机遇和平台。只有企业发展了，个人自然会得到相应的发展。

第五章
努力体现价值，促进企业强盛

在工作中不仅要做一名好员工，而且要做一名有价值的员工，既把自己的分内事做好、做出色，同时还要勇于挑战一些别人做不到的事，只有这样才能使自己在企业中渐渐变得不可替代，从而提升自己，促进企业的强盛。也就是说，不论做任何事情我们都要追求卓越。虽然一个人的能力有大小之分，天分有高低之分，悟性有好坏之分，但它决定不了一个人的命运；勤能补拙，一分耕耘一分收获。因此，优秀员工一定要努力体现自己的价值，尤其在快速发展的现代企业中，更应该根据企业政策措施的不断调整和改变，不断调整和矫正自己奋斗的目标，使自己成为企业人才需求方面的"领跑者"。

1. 用业绩验证自己的实力

业绩是验证自己实力的标准。公司作为一个经营实体，必须靠利润维持发展，而发展便需要公司中的每个员工都贡献自己的力量和才智。公司是员工努力证明自己的业绩的战场，无论何时何地，如果你没有做出业绩，迟早是一枚被弃用的棋子。证明自己的唯一法则就是业绩。

有一位房地产销售总监说："所有企业的管理者和老板，只认一样东西，就是业绩。员工希望老板给自己高薪，凭什么呢？最根本的就要看员工所做的事情，能在市场上产生多大的业绩。"这就是以业绩论英雄的时代，这就是以业绩作为标准来检验一切的时代。

不管你在公司的地位如何，不管你长相如何，不管你的学历如何，你想在公司里成长、发展、实现自己的目标，你都需要有业绩来保证实现你的梦想。只要你能创造业绩，不管在什么公司你都能得到老板的器重，得到晋升的机会。因为你创造的业绩是公司发展的决定性条件。

业绩是检验一切的标准，能创造业绩的员工是公司最宝贵的财产。

杰克是一家纺织公司的销售代表，他对自己的销售纪录引以为豪。曾有一次，他向老板表白，自己是如何卖力工作，如何劝说服装制造商向公司订货等，可是，老板听后只是点点头，淡淡地表示认可。

杰克鼓足勇气："我们的业务是销售纺织品，对不对？难道您不喜欢我的客户？"

"杰克，你把精力放在一个小小的制造商身上，值得吗？请把注意力盯在一次可订3000码货物的大客户身上！"老板直视着他说道。

杰克明白了老板的意图，老板要的是为公司赚到大钱。于是杰克把手中较小的客户交给另一位经纪人，自己努力去找大客户，终于为公司带来巨大利润的客户。最后他做到了，为公司赚回了比原来多几十倍的利润。

要想得到上司的重视，业绩这个硬件是千万不能忽视的。无论平时在领导面前把自己包装得多么完美，但关键时刻，业绩才是打动老板的心的。也只有你把事情做得最好，用业绩来证明你的能力，才可能得到领导的信任并委以重任。

唐骏是一个非常注重实力的人，他在工作中非常务实，而不喜欢靠虚的东西来哗众取宠。唐骏认为："只有你把事情做得最好，用业绩来证明你的能力，才可能得到领导的信任并委以重任。"1997年，唐骏被微软任命为在全球技术中心总经理，让微软高层吃惊的是，在唐骏起步的半年中就像微软总部交出了很出色的答卷。微软总部有10大指标来考核中心，全球8大技术支持中心里面，仅仅半年时间，大中华区的技术支持中心的每一项指标都是全球最好的，不是平均数最好，而是每一项都最好。因此，仅仅半年，唐骏就拿到了"比尔·盖茨总裁奖"，这在微软历史上也是不曾有过的。因为大中华区的业务做得好，唐骏就向总部提出更多的业务，因为工作质量好，成本又低，慢慢地，大中华区逐步变成了亚洲支持中心，然后又变成了全球技术支持中心。

考核员工能力的标准，是你的业绩，也唯有你的业绩才能体现你的价值，让你"物有所值"，得到你应得的报酬。如果作为员工的你只是一味地抱怨，而不从自身出发，创造属于自己的业绩，那么你永远是一只无法展翅的雄鹰。

业绩是提升自我的源泉，是提升竞争实力的途径，是决定企业兴衰成败的关键！业绩是能力的标尺，是职业精神的崇高体现，是赢得个人职业之树常青的保障！

没有人会注意过程的酸甜苦辣，荣誉只会给予创造业绩的英雄。"业绩至上”是每个公司的原始推动力，也是员工寻求职业突破的关键所在。

同样的上班，为什么有的人几年后当上了经理、总监或总经理，而有的人还是一名普工呢？因为决定一个员工是否升级，关键在于员工为企业所创造的价值，所以员工在关心位子、票子、面子之前，先要想好如何提工作价值。因为工作强度不等于工作价值，勤劳程度也不等于工作价值，学历高低也不等于工作价值，甚至经验多少也不等于工作价值。衡量工作价值的标准就是工作业绩，工作贡献。所以一个人要想提高工作价值，就一定要以企业为中心，以业绩为导向，为企业作贡献，这才是价值的体现。

一只小老虎刚生下来就被一个人当做小花猫养了起来，它每天和其他猫一样白天睡觉，夜晚起来捕捉老鼠。渐渐地，小老虎知道自己不是一只普通的猫，而是兽中之王。于是它天天渴望着自己能够威风八面，但主人对待它的态度与其他猫别无二样，感到不服的小老虎要求主人优待自己，没想到主人对它说：“你确实是一只老虎，但是你却不具备老虎本应具有的一切能力，甚至捕捉老鼠的能力都不如一只猫。你让我有什么理由优待你？难道仅仅因为你是从虎妈妈的肚子里生出来的吗？”

别以为自己有多了不起，你的价值不在于你的学历、背景甚至后台，而在于你的业绩，你实实在在的能力。是老虎还是猫，要看你捕到的是老鼠还是山羊。只有业绩才是能力最好的证明，其他的都是难以被认可的。所谓是骡子是马，先拉出来遛遛，有什么本领，凭业绩来展示。其他的，都不值一提。

所以，只有将业绩做到最棒，才能证明自己的实力，才会紧跟时代步伐，才会创造卓越人生。

2. 注重细节，从小事做起

20世纪世界最伟大的建筑师之一密斯·凡·德罗，在被要求用一句话来描述他成功的原因时，只说了五个字："成功在细节"，他反复强调如果对细节的把握不到位，无论你的建筑设计多么大气，都不能称之为成功的作品。

同理，生活的一切都是由细节构成的，如果一切归序，决定成败的必将是微若沙砾的细节，细节的竞争才是最终和最高的竞争层面。忽略细节的人生是失败的，聪明人都会在细节处下工夫。

著名的节目主持人杨澜在参加主持《正大综艺》的面试时，虽然她既不是广播电视学院毕业，也不是艺术院校毕业的，但因为制片方要找一个懂点英语的主持人，所以杨澜胸有成竹。经过了七轮的竞争，到进入最后一轮决赛时，就剩下杨澜和另外一个女孩子了。制片人要求她们在门口准备五分钟，准备用英语介绍自己和讲讲为什么喜欢这个节目。这时候，杨澜看到自己的对手仿佛一筹莫展，就帮助那个女孩进行辅导。当时的制片人——这场面试的考官之一——辛少英导演与别人谈起那段往事时说："当时杨澜给我留下一个很深的印象就是，虽然当时每个女孩子都非常希望自己得到那个主持人的位置，而且每个人只有五分钟的时间准备，但我路过时，发现杨澜还在辅导另外那个女孩子的英文。所以当时就觉得这个女孩很特别。"可见杨澜最后的成功与她留在主考官心里的这个细节不无关系。

相反，如果因为是小事，就对自己放松了约束，不再注重细节，那么很容易招来别人的反感，特别是你想要与对方达成某项协议时，对自己的一言一行都要谨慎，否则，在小事上失利，实在划不来。

王明远是一个软件公司推销员，他与中关村一家电脑公司业务往来比较多，比较好，可就是有一个开、关门不太礼貌的毛病。一天，他由于业务原因，多次进出此公司，终于引起了对方忍无可忍的批评。

“你小子，怎么办事呀？有意见提嘛！你怎么开、关门那么用力，我怎么说你才能记住呢？难道非骂你一次才行吗？小王，以后一定要注意！”

王明远自认为公司与对方关系非常好，也自认为与对方公司的职员关系不一般，因而注意不够，忽略了开门、关门这类看似简单却十分重要的礼仪，结果给人一种不讲礼貌、粗鲁的印象，最终遭到对方直言不讳的批评。这只是一个开、关门的小问题，却是大礼节。可以看出一个人的修养、内涵和水平来，也反映了一个人的精神面貌，更重要的是，直接影响到对方对自己的印象好坏，所以要格外注意。

生活如同无限拉长的链条，细节如链条上的链扣，没有链扣，哪有链条？历史如同日夜奔腾的江河，细节如江河边的支流，没有支流，哪有江河？能力再强的人，如果只顾看大问题，不拘小节，那么即使付出艰辛努力，仍然可能把事情弄得一团糟。比如，言行举止上的细节是一个人素质和修养的表现，有时候，一个很小的动作或礼貌习惯都有可能影响到办事的结果。所以，无论何时都不要一看到是小事，就掉以轻心，以免大意失荆州。

有些事其实是再简单不过的小事，却能明显反映出不同人的做事态度，还可以预测出他们今后的发展前途。公司老板要出差，便安排员工去买车票。有这样两位员工，一位员工将车票买来后杂乱无章地一把全交上去了，这使得车票易丢失也不利于查清时刻；而另一位员工却将车票装进一些大信封里，并且在每个信封上都写明了列车的车次、号位以及起程、到达时刻。后一位员工是个细心人，虽然只注意了几个细节处，仅在信封上多写几个字，却使人省事不少。

小问题最容易被忽视，因为总是不拿小事当回事，那么久而久之，这种做事态度成为习惯后，你就一定会受到巨大的损失。只有那些具有细致、认真的做事态度的人，才有可能成为大人物，对于那位注重细节的员工来说，即使现在要他去收发室里做整理信件的工作，相信他的做法也会跟别人有所不同。这种注重细微环节的态度，就是让自己获得发展的营养剂。

所以，越是细节问题越能体现出一个人的素质，就像一件很普通的裙子上加一个袖珍珍珠裙子就变得不再普通一样。一个人如果能在细节上礼貌大方，那么即使你只做了一件小事，那么也可能获得别人赞赏的眼光。

工作中任何一件事情，都不可以被抛弃；任何一个细节，都不可以被忽略。“细节决定成败。”重视细节就能成功，忽略细节就会失败。

某公司招聘一名业务主管，在经过几轮残酷的考核淘汰之后，应聘人数由最初的几十人变成了三个人。三位应聘者在前几轮的测试中表现都十分出色，无论学识、阅历、口才、形象都相差不多，简直不分伯仲。

最后，公司经理亲自出面挑选最后的人选，他的测试方法非常简单：在桌子上放了几张白纸和一支注满了墨水的金笔，让三位应聘者在纸上写下各自的简历。

应聘者甲坐到桌前，拧开金笔正要写字，恰好金笔漏下了一滴墨水，不偏不倚地落到了洁白的纸上。应聘者甲慌忙把滴了墨水的纸揉成一团，重新拿了一张纸写起简历来，无奈金笔依旧漏水，短短一份简历，等他写完已经用了四张纸。

应聘者乙发现金笔漏水后，从容地从西服口袋里拿出自己的笔，顺利地写完了简历。

轮到应聘者丙上场了，他发现金笔漏水后，并没有急着书写简历，而是不慌不忙地拧开金笔，小心地捏了捏金笔的储墨囊，排出储墨囊里过多的墨水。金笔不再漏水,他自然写得格外从容。

最后,经理宣布,公司决定留下应聘者丙担任业务主管。当另外两名应聘者问起他们落选的原因时,经理告诉他们:论学历,论资历,你们几乎分不出高下,但是应聘者丙愿意寻找问题的根源,并且能想办法去解决问题,从这一点上看,他要比你们高明。

在人生的竞技场上,有时候注重细节能使你得到命运之神的垂青。相反如果看不到细节,或者不把细节当回事的人,对工作缺乏认真的态度,对事情只能是敷衍了事,那么失败也就注定跟定了你。

3.开发利用自己的潜能

爱迪生曾经说过:“如果我们做出所有我们能做的事情,我们毫无疑问地会使自己大吃一惊!”职场中,每个人的内部都有相当大的潜能。而这些都需要我们去开发利用,正如美国成功学大师戴尔·卡耐基所说:“我们拥有许多未知的潜力,我们所做的事,有时自己连做梦都想不到。当真正需要时,我们总能完成看来不可能完成的事。”

在公司中,很多人都认为自己做得已经足够了,真的是这样吗?你真的已经做到尽善尽美了吗?你真的发挥了自己最大的潜能了吗?

也许你是个不错的员工,雇主会信赖地指派你去办个小差事,你能保证把任务完成吗?是的,也许你可能完成,但你真的将自己本身丰富的潜能开发利用了吗?要知道你可以做得更好。

马克·吐温讲过这样一个寓言:

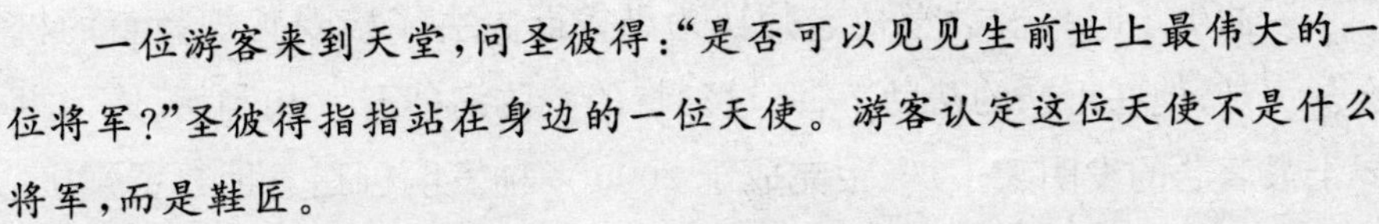

一位游客来到天堂,问圣彼得:“是否可以见见生前世上最伟大的一位将军?”圣彼得指指站在身边的一位天使。游客认定这位天使不是什么将军,而是鞋匠。

“是的。”圣彼得回答说,“如果他在世时当上将军,他就会是最伟大的将军了。”

鞋匠本是将军之材,之所以在世时没有成为将军,只因为他没有最大限度地发挥自己的潜在能力——这便是寓言的寓意。而职场的我们亦是如此,明明有着优秀员工的潜能,不懂得怎么开发利用自己的潜能,只会平平碌碌,做一个小职员。

是的,员工的能力好比金矿,开采之前是潜埋在地下的。哲学家威廉·詹姆士曾指出,一个正常健康的人只运用了其大脑潜力的10%。人类学家玛格丽·米德认为,一个人已经利用的能力不过占其潜能总数的6%;心理学家赫伯特·奥托估测,一个人所发挥出来的能力,最多只是他全部潜力的4%。对于数字的确切性,我们无需苛求。但是,心理学的确告诉我们:职场的我们的能力都是潜伏状态的,普通人所发挥出的能力,只是他头脑中蕴藏的潜能的极小部分。这便是我们许多人没有走向更加成功的缘由。所以,我们要想在职场获得成功,就要把潜在的能力变成现实的能力,就要去积极地开发自己的能力。

一个典型的社交焦虑症患者,见人从来不敢抬头,总担心自己会出洋相,并且非常害怕别人看出他的不安。她来咨询时的目标是:希望自己能够做到当众发言不紧张。坚持咨询加上认真完成每一次行为作业。三个月后的一天,她微笑着告诉我:前一天她向同事介绍一项工作的进展,居然滔滔不绝地讲了一个小时!

职场中,我们每个人的潜能都是无穷无尽的,然而能发挥多少,全看我们如何认识自我,自胜自我,潜能是人类最大而又开发得最少的宝藏。

爱迪生小时候曾被学校老师认为愚笨而失去了接受正规教育的机会。可是,他在母亲的帮助下,经过独特的心脑潜能开发和利用,成为世界上最著名的发明大王,一生完成了 2000 多种发明创造。他在留声机、电灯、有声电影等许多项目上进行了开创性的发明,从根本上改变了人类生活的质量。

事实上,潜能是沉睡在潜意识里的,只要用行动、用信念去刺激潜意识,你的潜能就会像泉水一样涓涓流出。

同样职场人也是有着无限发展的潜能,你今日表现出来的能力是你昨日未曾意识并表现出来的,你明日将要表现出的能力又将是你今日未曾意识或发掘的。潜能存在于我们每个人的身上,它等待着我们去发现,去开发,去将其变成显能。

职场中,潜能是一种客观存在,容不得你对它的忽视。只要你忽视它,它就会忽视你。被潜能忽视的你,久而久之,就会真的以为自己一无是处,并且也会真的一无是处。

一位名叫杰卡斯的美国人,因战争致残,已经依靠轮椅生活了 20 年。他觉得自己的人生没有了意义,喝酒成了他忘记愁闷和打发时间的最好方式。有一天,他从酒馆出来,照常坐轮椅回家,却碰上三个劫匪要抢他的钱包。

他拼命呐喊、拼命反抗,被逼急了的劫匪竟然放火烧他的轮椅。轮椅很快燃烧起来,求生的欲望让杰卡斯忘记了自己的双腿不能行走,他立即从轮椅上站起来,一口气跑了一条街。事后,杰卡斯说:“如果当时我不逃,就必然被烧伤,甚至被烧死。我忘了一切,一跃而起,拼命逃走。当我终于停下脚步后,才发现自己竟然会走了。”

现在,杰卡斯已经找到了一份工作,他身体健康,与正常人一样行走,并到处旅游。一双 20 年来无法动弹的腿,竟然于危在旦夕的关头站了起来。这不禁让我们产生疑问:到底是什么因素使杰卡斯产生这种“超常力量”的呢？显然，这并不仅仅是身体的本能反应，它还涉及人的内在精神在关键时刻所爆发出的巨大力量。

职场的我们发掘潜能，创造自我，如慢火煲汤，越是经久，越是味佳。如果把自己当做一煲正在为自己煲的汤，每一秒钟的小火，都会让你迸发出细微的变化；愈久弥坚，自然释放无穷的潜力！

职场是属于善于开发潜能的人的，只要有一颗渴望的心，开发利用自己的潜能，才能爆发自己的小宇宙，向着梦想的高度眺望，最终摘得桂冠。

那么如何开发利用自己的潜能呢？不妨试试以下的建议

(1)职场中，不要事先考虑你“想要说些什么”，张开嘴巴说出来就行。

(2)不要做计划(不要考虑明天)，不要在行动前考虑。“行动——在行中纠正你的行为”。这个模式看来有些偏颇，但事实上它符合机制开动的原则。一枚鱼雷绝不事先“考虑好”它方向是否错误，也不事先试图纠正错误，它必须首先行动——朝目标发动——然后纠正行进过程中可能产生的一切偏差。

(3)停止批评自己。潜能受压抑的人经常沉溺在自我批评中，不管做出多么简单的举动，事后他都会对自己说“我真不该这样做吗？”在鼓足勇气说完一句话之后，他立刻对自己说：“也许我不该这么说，也许别人会有错误的理解。”心理学家奉劝每一位受压抑的人再也不要这么折磨自己，因为有意识的自我批评，自我分析和反省虽然也是必要的，但是作为一种经常不断的、每日每时都进行的自我猜测或者对过去行为的无休止的分析，最终只能导致你行动的失败。要注意这一类的自我批评和自我责备，要使它们立即停止下来。

(4)养成大声说话的习惯，受压抑的人说话声音明显细小，表现得信心不足，尽量提高你的声量，但不必对别人大声喊叫或使用愤怒的声调，只要你有意识地使声音比平时稍大就行。大声谈话本身就是解除压抑的有效方法，它可以调动起全身 15%的力量，使人能比在压抑状况下举起更大的重量。科学实验对此的解释是，大声叫喊能解除压抑——能调动全部潜能，包括那些受到阻碍和压抑的潜能。

(5)直接表露爱憎好恶。受压抑的个性既害怕表现坏的情感,也害怕表现好的情感。如果他表示爱情,就担心别人说他自作多情;如果他表示友谊,又怕被当做阿谀奉承;如果称赞别人,又怕人家把这当做虚伪逢迎,或者怀疑他别有用心。这样的做法是应当完全不必考虑这些否定的反馈信号的,你不妨每天至少夸奖三个人,如果喜欢某人干的事、穿的衣服或说的话,你就让他知道。

另外,暗示是释放人性潜能的重要手段。暗示会产生强烈的心理定势,并引导潜在动机产生行为。积极的带有成功意识的暗示会让你较少利用意志力,在自发心理中实现自己的目标。

总之,职场的我们,不妨适时采用上面的建议,激发出自己的潜能。不论你的工作条件如何,都不要自我磨灭潜能,不要自贬可能达到的人生高度,要锲而不舍地去克服一切困难发掘自身才能的最佳生长点,扬长避短、踏踏实实地朝着职场的最高目标坚定地前进!

4.超越领导的预期

在职场上想得到老板的肯定,就是要去努力达成老板的想法。但是同样去执行老板的想法,结果却是迥然不同的。有人低于老板的预期,有人符合老板的预期,有人却高于老板的预期,当然对老板而言,越高于预期结果的人,就越容易得到他的赏识。

有一次,老板把一份资料交给某位下属,要他在下班前做好分析上交,结果不到两个小时,他不只做好了分析报告,并把每项数据所代表的含义一并附注给了老板,老板很惊奇地问他为什么会多做这么多?他笑着回答说:“我知道这是老板您明天开会要用的,而这些数据一定是大家想深入了解的,所以我就预先帮您把这些数据的含义整理出来,这样您就不用花很多时间再去整理了。”

老板听完了之后笑着对他点点头,这位部下不管是学历或是能力,在整个人力资源团队来说,并不是最突出的一位,可是他做事却是最用心,结果也都是超出老板与同事的预期的,在短短的时间内,他就一路不断地被提拔并晋升。

那些不论老板是否在办公室都会努力工作的人值得令人钦佩,他们不会随意将任务打折扣执行,而总是超越老板的期待。这种人永远不会被解雇。现在的职场变化快,“勤奋”的内涵也随着时代的变化而被赋予了新的内容。如果你还认为“勤奋”就是“听命行事”,老板吩咐你做什么就照命令办事。那你就大错特错了,那是 20 年前的事了。今天的“勤奋”,要做到“不必老板交代,积极主动做事”,这样才能称得上是“勤奋”,也只有勤奋才能超出老板的预期。

一位老板这样警戒下属:“做任何事情,一定要有向上三级的思维,这样才能满足并超于老板预期的结果,因为如果我们缺乏这样的思维,就只会以自己的想法与格局去看事情,当然就达不到老板所要的,那就更难去超越老板的预期了。”对老板而言,越高于上司预期结果的人,就越容易得到老板的赏识,这也是为什么有人很容易可以得到老板的宠爱。可是有人不管怎样努力做事,就是得不到老板的认可,原因就在这里。

当然要想做事超越老板的预期,那么你必须积极主动、勤奋,才能更多、更好地做好老板交代的事,从而让老板出乎意料你的工作完成度。

职场的我们,不应该仅仅抱着“老板让我做什么”的想法,而应该再进一步,想一想“我能为老板做什么。”一般人认为,忠实可靠尽职尽责地完成老板交代给的工作就可以了,尽量避免犯错,凡事只求忠实公司的规则,老板没让做的事,决不插手。而那些渴望在工作中获得成功的人却总是要求自己必须做得更多更好,要勇于负责,要有独立思考能力,必要时要发挥创意,积极主动地完成任务,这样才能超越老板的预期,让老板看到自己的闪光点。

每个老板都希望自己的员工能主动工作，带着思考工作。对于发个指令，按动按钮，才会动一动的“电脑”员工，没有人会欣赏，更没有老板愿意接受。职场中，这类只知机械完成工作的“应声虫”，老板会毫不犹豫地剔除掉。

对于老板而言，只有那些能准确掌握自己的指令，并主动发挥自身的智慧和才干，把指令内容做得比预期还要好的人，才是他们真正要找的员工。

杰克·韦尔奇1960年获得博士学位后，同年就加入通用电气公司，算到2001年9月退休，他在这家公司工作了41年，这也是他全部的职场经历。但是，这位全球第一CEO的职场起步并不顺利，第一年他就差点愤然辞职而去。

1960年10月17日，韦尔奇带上新婚不久的妻子长途跋涉950英里，赶到GE公司。“我们不负责解决你们的住宿问题”，这是就职期间韦尔奇记忆最深的话，也是他得到第一次工作后感觉最冰凉的话。他是父母的独生子，母亲36岁、父亲41岁时才生下了他，这样缺乏关爱的话如何让韦尔奇受得了！

还好，他对工作怀有崇高的热情。他先找了一家很便宜的汽车旅馆安顿下来，后来才租了一个暖气不足的木质二层房子，向父母亲要了1000美元，购置了一张沙发和一张床。他将全部精力倾注在工作上。

一年时间很快到了，当韦尔奇正为涨工资兴奋的时候，他发现本部门4个人薪水完全一样，这让他不平衡起来，他觉得付出多、成效多理应高于“标准”薪水。他在自传中讲述：GE的官僚主义作风几乎迫使我离开这家公司。他和老板谈了谈，但没有讨论出任何结果。“我觉得自己陷入一个大组织最底层的漩涡之中。”很快，韦尔奇找到一份更体面的工作，而且递交了辞职书，不出几日，他所在的部门还将为他举行欢送仪式。

但转机来了，他的上司的上司留住了他。这位叫加夫托的高管同样意识到公司的官僚作风，答应韦尔奇今后将杜绝这种作风，并为他加了更多的工资。加夫托留住了他，也让韦尔奇学会了区别对待的管理方式。

韦尔奇工作第一年，从辞职到留下，并非特别传奇，或许很多人都有这样的经历。但是，韦尔奇怎样让事情有了转机，使得他和公司双方都满意，这才是值得我们关注并借鉴的地方。

额外的努力和付出是职场取胜的法宝，韦尔奇就掌握了这一招。在每次业务总结会上，杰克·韦尔奇总是能提出一些超出上级高管的预期的方案，让自己给领导留下深刻印象。韦尔奇后来总结说："老板们提出问题时，他们在脑海中早已经有了自己的答案，他们只是想得到再次的确认而已。如果我仅仅回答了他的问题，那么就很难引起注意。"与众不同的是，韦尔奇的回答范围总是更广些，不仅给出一个答案，还能提出许多出乎意料的新鲜观点。

韦尔奇的经历，无疑提醒我们：大多时候，做得比老板们的期望多出一点点，就可能成为难得的一次机会。

天底下的老板，没有人不会喜欢可以提供高于自己预期结果的部属，所以，我们要做好每一件事，就是要站在老板的高度与角度，去思考"如果我是老板，会预期有什么样的结果"，很多人会去埋怨，自己的老板老是变来变去，其实这可能跟我们不够了解老板，也有很大的关系，因为老板也是人，也会有自己的喜、怒、哀、乐，因此要去找出老板喜欢的方法，才能够以高于老板的预期，让老板可以龙心大悦，而让自己在职场的发展中，也可以一帆风顺。

5. 善于帮助领导解决问题

俄国作家列夫·托尔斯泰说："竭尽履行你的义务，你应该就会知道，你到底有多大价值。"

在老板眼中，没有任何事情能比一个员工处理和解决问题更能表现出他的责任感和主动性，一个经常为老板解决问题、分忧解难的人，不但忠诚可靠，还拥有出色的解决问题的能力，当然能够得到老板的赏识，得到更多的奖赏。而且，帮老板解决了问题，也是努力体现个人价值、促进企业强盛的一个机会。

萨克斯顿在著名的传播机构贝尔·霍韦公司任职时，主要负责对公司众多分支机构进行分析，拟定计划以协调他们的工作。萨克斯顿把注意力集中于维尔丁电影制作公司。虽然该公司一直在亏损，但是萨克斯顿认为自己可以使维尔丁电影制作公司扭亏为盈。

为此，他提出了一个具体的市场开拓计划，建议维尔丁公司卖掉电影制片厂，将业务集中在咨询顾问及推销新产品上，老板对此大为赞赏，当即把萨克斯顿提拔为维尔丁公司副总裁，主管市场开拓。不到一年工夫，他就使维尔丁公司开始盈利。萨克斯顿用业绩向公司管理层证明了他的能力，从而为自己争取了一个更高的职位。

人都是趋利避害的，如果你总能替老板解决难题，老板不但会领你的情，而且会越来越欣赏你，从而逐渐提拔你、重用你。因为，在老板眼里，你不但忠诚可靠，还拥有出色的解决问题的能力，是不可替代的。

任何工作都不可能是一帆风顺的，都可能会遇到这样或那样的挫折与障碍。作为老板，管理一个企业，责任重大，压力也最大。某些工作可以凭借自己的能力或以往的经验处理妥当，而有些工作则需要下属的帮助才能解决。这时，如果下属除了干好本职工作外，还能及时伸出援助之手，帮老板出谋划策，共同渡过难关，老板肯定会十分感动，从而对你另眼相看。

当产品打不开销路时，你利用自己的社会关系，联系销售渠道；当老板需要某一方面的人才时，你积极帮助老板物色、推荐人才；当公司发展遇到困境时，你不妨利用自己的专业特长，为老板决策打开思路，提供方法；当老板忙不过来时，你可以主动承担一部分工作，让老板处理特殊事

件等。

能在最需要的时候主动替老板分忧解难、出谋划策的员工，有哪个老板会不喜欢呢？

加藤信三是日本狮王牙刷公司的普通职员。当时，公司正陷入困境，产品一直打不开市场，作为市场部的员工，加藤信三非常着急。一天早上，他用本公司生产的牙刷刷牙时，牙龈被刷出血来。他气得将牙刷扔在马桶里，擦了一把脸，满腹怨气地冲出门去。牙龈被刷出血的情况，已经发生过许多次了，并非每次都怪他不小心，而是牙刷本身的质量存在问题。真不知道技术部的人每天都在干什么。

他来到公司，气冲冲地向技术部走去，准备向有关人员发一通牢骚。

忽然，他想起管理培训课上学到的一条训诫："当你有不满情绪时，要认识到正有无穷无尽新的天地等待你去开发。"他冷静下来，心想："难道技术部的人不想解决这个问题吗？一定是暂时找不到解决的办法。如果能解决它，情况会怎么样？这也许是一个发挥自己才干的好机会呢！"于是，他掉头就走，打消了去技术部发牢骚的念头。

自此，加藤信三和几位同事一起，着手研究牙龈出血的问题。他们提出了改变牙刷造型、质地、排列方式等多种方案，结果都不理想。一天，加藤信三将牙刷放在显微镜下观察，发现毛的顶端都呈锐利的直角。这是机器切割造成的，无疑是导致牙龈出血的根本原因。

于是，加藤信三就向领导建议：公司应该把牙刷毛顶端改成圆形。改进后的狮王牌牙刷在市场上一枝独秀。作为公司的功臣，加藤信三从普通职员晋升为课长。十几年后，他成为这家公司的董事长。

机会不会青睐没有准备的人！不要埋怨没有机会，更不要埋怨得不到领导的重用，如果你真想要获得机会，先问问自己现在的公司是否存在尚未解决的问题，先看看你的老板是否需要你帮忙解决的问题，如果有，那就恭喜你，因为你的机会来了，赶快抓住它！如果可以把问题当做机会，你的职业生涯离转变不远了。

当然，遇到这种情况时，只有主动找到解决问题的方法，才能让自己脱颖而出。

日常工作中，常常有这样两种人：一种是碰见困难避而远之的人；另一种则是迎难而上的人，他们主动寻求解决方法，为老板分忧。可以说，主动寻找方法解决问题的人，是职场中的稀有资源，更是经济社会的珍宝。

福特汽车公司是美国创立最早、最大的汽车公司之一。1956年，该公司推出了一款新车。尽管这款汽车式样、功能都很好，价格也不高，但奇怪的是，竟然销路平平，和公司预期的情况完全相反。

公司高层急得像热锅上的蚂蚁，但绞尽脑汁也找不到让产品畅销的方法。这时，在福特公司里，有一位刚刚毕业的大学生对这个问题产生了浓厚的兴趣，他叫艾柯卡。

艾柯卡是福特汽车公司的一位见习工程师，本来与汽车的销售工作并没有直接关系。但是，老板因为这款汽车滞销而着急的神情却深深地印在他的脑海里。

他开始不停地琢磨：我能不能想办法让这款汽车畅销起来呢？终于有一天，他灵光一闪，于是径直来到总经理办公室，向总经理提出了一个方案："我们应该在报纸上登广告，内容为花56元买一辆56型福特。"

这个创意的具体做法是：谁想买一辆1956年生产的福特汽车，只需先付20%的货款，余下部分可按每月付56美元的办法支付，直到全部付清。

他的建议最终被采纳，"花56元买一辆56型福特"的广告引起了人们极大的兴趣。

"花56元买一辆56型福特"，不但打消了很多人对车价的顾虑，还给人留下了"每个月才花56元就可以买辆车，实在是太划算了"的印象。

奇迹就因为这样一句简单的广告而产生了：短短的三个月，该款汽车

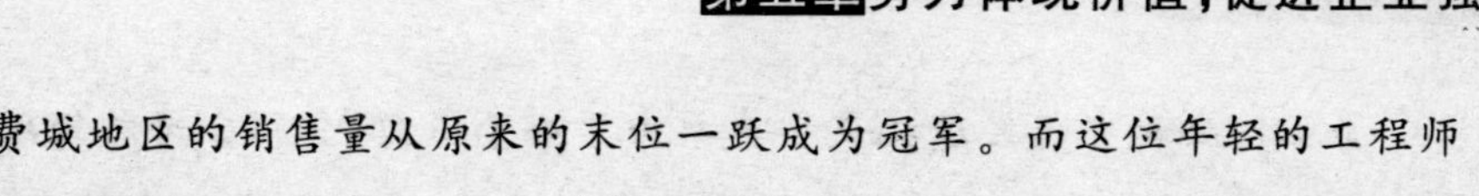

在费城地区的销售量从原来的末位一跃成为冠军。而这位年轻的工程师也很快受到了公司赏识,总部将他调到华盛顿,并委任他为地区经理。

后来,艾柯卡不断地根据公司的发展趋势,推出了一系列富有创意的方法,最终脱颖而出,坐上了福特总裁的宝座。

从艾柯卡身上我们能够看出:在工作中主动想办法为老板分忧解难的人最容易体现出个人的价值,也最容易脱颖而出,更容易得到老板的认可;如果能够长期这样做,不仅维护了企业的形象,也促进了企业的强盛发展。

6.关键时候能够站出来

抗击洪水时,当堤坝上出现缺口,人们会毫不犹豫地用身体堵上去,因为那是到了关键时刻,刻不容缓。在公司的发展过程中,也会出现许多意外的事件,给公司和老板带来棘手的问题,有些迫在眉睫,必须马上解决。这时候你就要挺身而出,帮老板解决所遇到的问题或困境。如果这时你为老板撑起一片天,为他挡风遮雨,你将赢得其他同事的尊敬,更能得到老板的信任和器重。

在一个竞争的环境中,谁都会出现错误,出现困难。作为公司里的一名员工,更应该理解老板的难处,替老板分担他的难处,帮助老板走出困境。并且当老板与员工发生矛盾时,应该大胆地站出来为老板做解释和协调工作,最终还是有益于员工利益的。作为老板,当最需要人支持的时候你支持了他,也就自然视你为知己。当然最为重要的是,我们一旦知道了老板的处境之后,就能轻而易举地了解老板心里的想法了。

弗里达公司部门经理托夫·奥桑由于办事不力,受到公司总经理的指责,并扣发了他们部门所有职员的奖金。这样一来,大家很有怨气,认为托夫·奥桑办事失当,造成的责任却由大家来承担,所以一时间怨气冲天,托夫·奥桑处境非常困难。

这时秘书斯妮小姐站出来对大家说:“其实托夫·奥桑在受到批评的时候还为大家据理力争,要求总经理只处分他自己而不要扣大家的奖金。”

听到这些,大家对托夫·奥桑的气消了一半儿。斯妮接着说:“托夫·奥桑从总经理那里回来很难过,表示下月一定想办法捧回奖金,把大家的损失通过别的方法补回来。”斯妮又对大家讲,其实这次失误除托夫·奥桑的责任外,我们大家也有责任。请大家体谅他的处境,齐心协力,把公司业务做好。

斯妮的调解工作获得了很大的成功。按说这并不是秘书职权之内的事,但她的做法却使托夫·奥桑如释重负,心情豁然开朗。接着托夫·奥桑又推出了自己的方案,进一步激发了大家的热情,纠纷很快得到了圆满的解决。斯妮在这个过程中的作用是不小的,托夫·奥桑当然另眼相待。不久之后,托夫·奥桑就给斯妮提了职,加了薪水。

为什么斯妮最终获得了晋升?原因很简单:她帮助自己的上司托夫·奥桑走出了困境。或许很多人会觉得他的上司有点“以权谋私”,那么我们要知道的是,老板他也是人,也有一些感情上的需要。他们身陷困境,最希望看到的就是员工能为自己说话,帮助自己走出困境。遗憾的是,职场中的很多人并不知道该如何去做,以至于失去了获得老板重用的机会。

其实很多时候,老板之所以喜欢一个员工,不一定是这个员工能力有多好、业绩有多么突出,而是这个员工善于为自己说话,维护自己的尊严和公司的形象。

每个老板都有被公司事务缠得焦头烂额的时候,在这个时候,作为员

工的你应该怎么办呢？

在老板的工作日程表上，常会出现一些毫无新意的工作，由于这些工作无表现可言，所有人都不想做。但是工作总是要有人来做的。这时，如果你能摒弃“避之犹恐不及”的消极心态，主动请愿，甘愿做“最傻”的工作，结果会怎样呢？

“琐事中孕育伟大的种子。”事实上，这类工作往往比那些表面看起来华丽动人的工作更有争取的价值，它更能展露一个人的才华、勇气和积极热情的心。对于肯做肯干、不斤斤计较，懂得不让浅显和琐碎的问题烦扰老板的员工，老板往往印象深刻。因为他可以依赖。

特别是在老板工作触礁迫切需要帮助的时候，如果你能挺身而出，关键时刻施以援手，一肩挑起，一旦他的难题获得解决，你在他心目中的地位会更为重要。

帮助老板获取成功有许多方式，但不是拍马屁。

杰克是一位国际市场部总经理助理。他接到了一项紧急任务，根据老板的笔记，准备好业务进展曲线图表。起草图表时，他注意到老板写道：“美元坚挺，则出口就会增加。”杰克知道，事实恰恰相反。于是，便通报老板，告知已经纠正了这一错误。

老板很感谢杰克发觉了他的疏忽。当第二天向上呈报未出丝毫纰漏后，老板对杰克做出的努力再次道谢，不久，杰克发现自己的薪酬有所增加。

所以说，老板并非全才，在工作中他会遇到许多难题。这些难题也许不是你的分内工作，可是这些难题的存在却阻碍着团队的前进，如果你能够在关键的时候站出来，帮助老板解决这些难题，无疑，你在成功的路上会进展得更快。

卡尔是某学院的部门助理,他的老板罗格负责管理学生和教职员工。极其糟糕的签到系统使学生们常常因还未上课就被记名,许多班级拥挤不堪,而另一些班级却又太小,面临被注销的危险。意识到罗格承受着改进学生签到系统的压力,卡尔自告奋勇组织攻关,负责开发一个新的体系。老板高兴地同意了他的意见,于是这个攻关小组开发出一个大有改进的系统。之后的一次组织机构改组中,罗格升任了主任,随即,卡尔被提升为副主任。对卡尔开发并成功地完成了这套系统,罗格给予了高度赞扬。

关键时刻能够站出来,为企业着想,为老板着想,企业和老板自然不会忘记你,提拔你,让你得到更大的发展,这些都是情理之中了。

确实,人在职场,能够在关键时刻帮助了企业,帮助了老板,也就是帮助了自己。而且,在帮助的同时,个人的价值得到了体现,企业也相应得到了发展,何乐而不为呢?

7. 掌握高效的工作技巧

美国著名思想家本杰明·富兰克林说过:“别忘了,时间就是金钱。假设,一个人一天的工资是 10 美元,可是他玩了半天或躺在床上睡了半天觉,他自己觉得他在玩上只花了 5 美元而已——千万别忘了,就金钱的本质来说,一定是可以增值的。钱能变更多的钱,并且它的下一代也会有很多的子孙。假设谁消灭了 5 美元的金钱,那样就等于消灭了它所有能产生的价值。换句话说,可能毁了一座金山。”

职场中,能办事高效,充分利用时间是一个职场人必备的工作技巧,一个懂得做事高效的人,是职场的宠儿,更是一个好的时间管理者,因而他总能在职场中混得如鱼得水。相反如果你做事效率过低，浪费太多时间，于是你的职场人生也便在浪费中混沌而过。正如歌德所说："把握你现在的瞬间，把你想要完成的事情或理想，从现在做起，只有勇敢的人身上才会富有天分、能力和魅力。"而这种魅力、天分与能力正是做事高效的职场人的最好体现。

一家外贸公司的老板要到美国办事，且要在一个国际性的商务会议上发表演说。他身边的几名要员忙得头晕眼花，甲负责演讲稿的草拟，乙负责拟定一份与美国公司的谈判方案，丙负责后勤工作。

该老板出国的那天早晨，各部门主管来送行，有人问甲："你负责的文件打印好了没有？"甲睁着惺忪的睡眼说："我负责的文件是以英文撰写的，老板看不懂英文，在飞机上不可能复读一遍。待他上了飞机后，我回公司去把文件打印好，再电传过去就可以了。"

谁知老板到了公司的第一件事就是问主管甲："你负责预备的那份文件和数据呢？"主管甲按他的想法回答了老板。老板脸色大变："怎么会这样？我已计划利用在飞机上的时间，与同行的外籍顾问研究以下报告和数据，以免浪费坐飞机的时间。"甲的脸色一片惨白。

到美国后，老板与要员一同讨论了乙的谈判方案，整个方案既全面又有针对性，既包括对方的详细调查，也包括了谈判中可能发生的问题及应对策略，还包括了很多细致因素。乙的方案超过了老板和众人的期望。因为对各项问题都有细致的准备，这家公司最终赢得了谈判。

老板出差结束后，乙得到了重用，甲却受到了冷落。

同样是为老板服务，甲做事效率不够，不仅延误了老板与外籍顾问的商讨时间，更是让自己陷入了冷落的境地，相反乙却办事高效，准备全面，使得公司取得谈判的成功。可见在职场中，保持高效的工作技巧是获得老板青睐与升职加薪的最佳法宝。

那么该如何保持自己高效的工作技能呢？

第一，专心是高效的最佳方法。

许多成功者常常说，一个人一生要专心干好每一件事。很多人并不懂得这个道理，总是为自己设定很多目标，但是，由于时间、精力有限，脑力被分散，往往难以达到标准。就像《小猫钓鱼》中不能专心钓鱼的小花猫一样，最后不仅没有钓到鱼，连蝴蝶也没有捕捉到。

俗话说："十鸟在林，不如一鸟在手。"世界上可以做的事情有很多，但是真正适合你做的却非常有限。因此，只有将一件事情做到极致，才能尽最大可能提高你的效率，才是获得成功的捷径。

第二，有计划是高效的最佳武器。

安排事情先后顺序的一个方法是把要做的事情列成单子。每天晚上，把第二天要做的前 20 项工作简要地写下来，并在这一天当中，反复看几遍这个单子。完成单子上的各项任务的最好方法是给每项工作留出一个专门的时间。

第三，少说多做，莫将时间花在空谈上。

职场中我们常常遇到一些夸夸其谈的人，那些人把人生大部分时光消耗在空谈上。只有少说多做、脚踏实地的实干家，才能真正利用时间，掌握高效的工作技巧。

三国时代著名的机械大师马钧，在魏国发明指南针车的时候，曾经遇到一些官员的侮辱和嘲笑，官员们断言他根本就没有办法造出指南针车。骁骑将军秦朗出言挑衅："先生名钧，字德衡，均是器具的模型，衡能决定物品的轻重，难道没有一定的标准，就可以成为模型吗？"

马钧只说："虚空争言，不如试之易效也。"经过马钧的刻苦钻研，反复试验，终于研究出了指南针车，而那些只会空谈的官员们却一无所获，只是自取其辱罢了。

可见空谈就是浪费时间，只有实干才能出实效。

第四，如果有什么工作要做，立即就做。

作为一名著名的色彩顾问,苏珊娜·凯吉尔生前曾为许多知名人士设计房间和个人服装。为了应付她时间表上的各种事情,她依照一条从她祖母那里学来的原则:如果有什么工作要做,她立即就做。凯吉尔说,很多人把时间浪费在"准备开始"上。

职场中,尽管你刚刚开始这么做事,你也会对自己这么快就做完了事情感到意外。记住,种树的最佳时间是20年前,仅次于它的最好时间就是现在。

第五,在规定的期限内拿出方案。

追求完美的人与那些爱拖延的人浪费的时间一样多。

瓦霍维娅公司前董事长托马斯·R.威廉斯发现,许多在银行界工作的年轻人不知道什么时候该停止研究方案,什么时候该着手结束工作。那些接受培训的人倒应该向工程师学习一些东西,工程师们懂得,他们应在某一日期前拿出可能的最佳方案。即使方案不那么完美,但是他们已经在规定的期限内做了最大的努力。

每当你高效率地完成了一项工作或是解决了一个难题时,你不仅仅是节约了时间,而是在使你的职场生活更加快乐。本杰明·富兰克林曾经说过:"你热爱生命吗?那么就不要浪费时间,因为时间是组成生命的材料。"

总之,在竞争激烈的现代职场社会中,高效的工作技巧能够直接影响到企业的盈利多少,因此,掌握高效的工作技能的员工是任何一家企业都努力追求的人才。因而职场的你,如果想掌握高效的工作技巧,不妨在日常工作中,合理利用时间,做事高效,从而赢得老板的认可,为自己事业的成功打下坚实的基础。

8. 亮出真我，练就高胆识

成功者之所以能够在职场上脱颖而出得到领导重视，其关键在于比旁人更具有胆识，而要想拥有超群的胆识，那么就必须先拥有正确的心态，或者也可以说是敢于拼搏的精神。

美国著名的心理学家马丁·加德纳指出：在美国630万死于癌症的病人中，80%是被癌症"吓"死的，只有20%才是真正因癌症"病"死的。这个数据告诉我们，通常人们会失败、会死亡，很大一部分原因是出在我们自己身上——精神上的恐惧和无望的念头。

因此，想要练就高胆识，首先要做的就是培养良好的心理素质。在选择和判断职业方向的时候要做到处"变"不惊、临危不惧。在遇到职场困难的时候，要有直面的勇气和背水一战的坚定信念。而在需要创新突破的时候，更需要有相信自己的胆量和力排众议的能力。在职场中，要勇于表现、勇于表率，敢于承担风险、抢占先机，在生活中，多进行一些挑战自我的活动，这样便能锻炼和培养自己好的心理素质。

真正有胆识的职场人，往往是一只有胆识的出头鸟。

在中国人看来，"枪打出头鸟"的观念一直都支配着自己的一举一动，"出头鸟"由此也成为一个贬义词——形容那些狂妄自大、目中无人、爱出风头的人。"低调"、"逆来顺受"渐渐成为"职场圣经"的关键词。人们周围日渐缺少敢于表达自己的想法、敢于去实践自己想法的人，放眼望去，好像每个人都差不多，没有哪一个能让领导"眼前一亮"的。

美国加州大学教授、洛杉矶心理精神卫生署高级顾问达米安·鲁说："……如果'出头鸟'是指敢于将自己的想法讲出来，不顾社会、旁人的看法，那么我觉得如今的中国非常需要这样的人。"

在职场中，愿不愿意“出头”，敢不敢表达和实践自己的想法，不仅仅因为“枪打出头鸟”——你一出头，就会招致别人的嫉妒和打击，更多的是害怕与“出头”和“承担责任”联系在一起。这种心理让很多“斗志昂扬”的人在开始实践内心想法的那一刻胆怯、退缩了。“给我一份胆商，从此，我的职场我做主！”勇敢地让自己到适合自己并且能够做出成效的工作中去吧，别再庸庸碌碌地待在每日只是机械地重复工作的岗位上，让胆商为你“铺路”，让胆商为你“争光”，你就能比旁人更快获得晋升的机会！

有胆识的人，大多有胆量敲开成功之门。

现在已经很红的中央电视台主持人敬一丹能有今天，还得感谢她当初敲开了台长的门，也敲开了中央电视台的门。她在原北京广播学院毕业后任黑龙江人民广播电台播音员。后到中国社科院读研究生，读研期间她在中央电视台实习。在审片子时她认识了台长杨伟光。实习结束，她就要回原单位了，她是多么的渴望能够留在中央电视台呀，这对自己的成功可谓是“一步登天”的机会。怎么办？自己就是平民百姓一个，台长离自己也太高、太远了，作为实习生，平时能够见到主任都是很不容易的事。作为别人，肯定想都不敢想留下来，她还是决定试一试。一天，她在没有人引见，与台长不是很熟的情况下，就直接敲开了杨伟光台长办公室的门，进去后就直接对台长说：“杨台长，我实习结束了，我喜欢在中央电视台工作，你能不能让我留下来？”敬一丹过去的工作经历和实习期间的表现，杨伟光是了解的，也认可她的荧屏形象和气质，同意她留在中央电视台第二套节目任主持人。这一年，她已经33岁了，留在了中央电视台，从而开创了她辉煌的人生。

进入公司要主动敲领导、老板的门，要想获得提升，同样要大胆地敲门。甲骨文华东暨华西区前总经理李绍唐曾经这样说：“我要奉劝年轻人，你要敢于敲你老板的门。”要知道“勇敢地敲领导、老板的门”，就是敲开机会之门，有事直接去找大老板，这往往是成功的捷径。

有胆识的职场人,往往是机遇的最佳候选人。

什么样的人最适合职场?答案是:赌徒。道理很简单,职场竞争本身就是一项冒险活动。赌徒最有胆量,敢下注,想赢也敢输。所以,他们最适合职场。科学研究发现,赌徒的心理承受能力远远强过普通人,而职场竞争正是一项最需要强大心理承受能力的活动。也正是如此,机遇总是青睐有胆识的人。

有胆识的人更容易抓住机会。他们思想上不守旧,行动上敢为先,如此"上蹿下跳、胡乱折腾"给他们提供了更多的发展机会。机会越多,成功的概率自然就越大,成功的速度也就越快。

有胆识的人总能抢先一步。当别人还在迷迷糊糊的时候,他们已经决定了该做什么;当别人还在观望的时候,他们已经开始行动;当别人为自己的胆小而后悔的时候,他们已经挖到了第一桶金。

真正有胆识的人不是有勇无谋的莽夫,而是智勇双全的智者。他们有发现商机的眼光,更有市场竞争的谋略,有巧妙赚钱的办法,还会处世、会做人、会学习……这种胆就不是胆量了,而是成大事者赖以成功的法宝。

有胆识的人也有失败的时候。不过,他们输得起,不怕血本无归、倾家荡产。他们不服输,相信自己肯定能成功:有毅力,不达目的誓不罢休;能忍耐,经得起反反复复的折腾。这些优秀的心理素质无疑为他们的成功又增加了一个重要的砝码。

在战场上,任何军队要夺取胜利,都离不开"勇气",这是军人最基本的战斗精神。而一个人要想成就一番事业,也得敢于想他人不敢想,为他人所不敢为。机会来了果断抓住,关键时刻勇往直前。即使失败了也处变不惊、自强不息,以图东山再起……有如此的勇气、意志、毅力,还担心不能成功吗?

塞万提斯曾经说过:"丧失财富的人损失很大,可是丧失勇气的人,便什么都完了。"对于一个人来讲,丧失了财富并没有什么,如果失去了机会那就失去了很多,但是如果丧失了勇气那就失去了全部。

在职场,我们要做一个有胆识的人,才能在职场中体现自己的价值。

9.点燃智慧,努力体现价值

职场是一个充满挑战的舞台,然而职场的智慧也无处不在,作为员工的我们要善于用智慧体现自身的价值,创造属于自己的辉煌。那么职场中我们该掌握哪些智慧呢?

第一,职场中要先求适应,再谋发展。

职场不如意之事,十有八九。当你初入职场时,面对繁重的工作、无休止的加班、上司的批评、同事的冷漠,是犟驴一般"大声哀鸣"以示愤怒,甚至炒老板的鱿鱼,还是忍字当头,先求适应,再谋发展?明智的选择当属后者。要知道,青蛙的"如鱼得水"就是这样练成的。

有头驴驮着许多木料横穿池塘。当他趟水过池塘时,不留心跌倒了,背上驮的东西太重,压得他站不起身来,于是驴就大声哀鸣起来。在池塘里游来游去的青蛙们听见了驴的呻吟,说道:"你不过是一跤跌进水中,就这样大惊小怪,如果你得跟我们一样在这儿长住,又会怎样呢?"

第二,认真工作,创造价值。

在重效益、重效率的老板眼里,投入产出比是一个十分重要的指标。即使是视员工为亲人的老板也希望以最少的投入换取最大的价值。所以,当我们踏入职场,不要一味指责企业无情、老板无义,而是要反过来想想:我认真工作了吗?自己给企业创造了多大的价值?否则,我们就像这头驴,频繁跳槽,命途多舛。

第三，立足岗位，发挥特长。

寸有所长，尺有所短。世界上没有完全相同的两片树叶。在职场生涯中，一个人能否成功取决于多种因素，但有一条是最根本的，那就是将自己的特长发挥到极致。是战马，你就尽情地在市场、技术等核心领域纵横驰骋，是毛驴，你只管在行政、后勤等二线干好本职。

第四，言而有信，说到做到。

常言道，承诺是金，这对于讲效益、重结果的企业来说，显得尤为重要。承诺就是合约，就是人品，就是一个人的立身之本。言而有信，说到做到，意味着我们做事的基准是理性而不是激情，更不是"决策拍脑袋、执行拍胸脯、失败拍屁股"的不负责任的态度。

第五，坚守底线，为人真诚。

人常说做人难，职场打拼更是难上加难。此话不是没有道理。但是，无论多难，你不能无选择。我们都应坚守做人的底线：诚信为本，认真做人；工作至上，认真做事。

第六，遭遇挫折，坦然面对。

在职场生活中，这样的事情时有发生：张三与李四犯了同样的错误，前者可能被原谅、安抚或轻罚，后者可能面临的是重罚甚至下岗。姑且不说上司这样处理的理由，重要的是，李四如果不是感慨命运的不公，而是坦然面对，知错就改，他的前程一定不可限量。

第七，融入团队，互助协作。

卓越的企业离不开卓越的团队。当你拿下一份大订单，或者攻克一项技术难关，若能真诚地将成果的取得归属于团队的力量，那么，你辉煌的事业仅仅才是开端；相反，如果你嫉妒同事、背后拆台、落井下石，病鸢的命运就是你的未来。

第八，角色变换，高效沟通。

人在职场，免不了要与各种各样的人打交道。你只有善于进行角色变换，站在对方的角度思考问题，才能在高效沟通中达成共识，找到解决问题的最佳方案。那种"老王卖瓜，自卖自夸"的思维模式不仅无助于工作的完成，处理不好的话甚至会贻误战机。

第九，善于倾听，结交人脉。

曾经有个小国到中国来，进贡了三个一模一样的金人，金碧辉煌，把皇帝高兴坏了。可是这小国不厚道，同时出一道题目：这三个金人哪个最有价值？

皇帝想了许多的办法，请来珠宝匠检查，称重量，看做工，都是一模一样的。怎么办？使者还等着回去汇报呢。泱泱大国，不会连这个小事都不懂吧？

最后，有一位退位的老大臣说他有办法。

皇帝将使者请到大殿，老臣胸有成竹地拿着三根稻草，插入第一个金人的耳朵里，这稻草从另一边耳朵出来了。第二个金人的稻草从嘴巴里直接掉出来，而第三个金人，稻草进去后掉进了肚子，什么响动也没有。老臣说：第三个金人最有价值！使者默默无语，答案正确。

最有价值的人，不一定是最能说的人。老天给我们两只耳朵一个嘴巴，本来就是让我们多听少说的。善于倾听，才是成熟的人最基本的素质。

第十，善于选择，与时俱进。

有三个人要被关进监狱三年，监狱长答应他们三个一人一个要求。美国人爱抽雪茄，要了三箱雪茄。法国人最浪漫，要一个美丽的女子相伴。而犹太人说，他要一部与外界沟通的电话。

三年过后，第一个冲出来的是美国人，嘴里鼻孔里塞满了雪茄，大喊道："给我火，给我火！"原来他忘了要火了。

接着出来的是法国人。只见他手里抱着一个小孩子，美丽女子手里牵着一个小孩子，肚子里还怀着第三个。

最后出来的是犹太人，他紧紧握住监狱长的手说："这三年来我每天与外界联系，我的生意不但没有停顿，反而增长了200%，为了表示感谢，我送你一辆劳斯莱斯！"

因此职场中,什么样的选择决定什么样的生活。今天的生活是由三年前我们的选择决定的,而今天我们的抉择将决定我们三年后的生活。我们要选择接触最新的信息,了解最新的趋势,从而更好地创造自己的将来。

十一,善用资源,创造价值。

有个富家子弟特别爱吃饺子,每天都要吃。但他又特别刁,只吃馅,两头的皮尖尖就丢到后面的小河里去。

好景不长,在他16岁那年,一把大火烧了他的家,父母急怒中相继病逝。这下他身无分文,又不好意思要饭。邻居家大嫂非常好,每餐给他吃一碗面糊糊。他则发奋读书,三年后考取官位回来,一定要感谢邻居大嫂。

大嫂对他讲:不要感谢我。我没有给你什么,都是我收集的当年你丢的饺子皮尖,晒干后装了好几麻袋,本来是想备不时之需的。正好你有需要,就又还给你了。

由此可知,拥有资源的人不一定成功,善用资源的人才会成功。

职场是战场,只要你拥有了生存的智慧,那么你便可披荆斩棘向着成功前进。

10. 勤于思考,创造更高价值

你一定坐过公交车吧,如果没座位而你的手一直抓着吊环不动持续半小时,你会发现自己的胳膊麻木而无法灵活地活动了。大脑和胳膊一样,不用就会萎缩。

每个人都会有自己的特长。一个人做某件事时会比其他事做得更好。但许多人从未找到最适合自己的事情，其根本原因往往是他们没有进行足够的思考。如果你对一切都随遇而安、得过且过或怨天尤人，那有一天你一定会后悔莫及的。

职场中为什么那么多人一事无成？就是因为他们不懂得思考。只有不足1‰的人能认识到通过锻炼思考能力可以取得巨大的成就。

“头脑不用也会生锈，经常思考才会反应敏捷”，伟大的发明家爱迪生如是说。“如果思考能得到应有的重视，每个人该取得多少进步，多大成功啊！不能下决心培养自己爱思考习惯的人，失去的将是人生最大的乐趣。”

任何一个公司都希望看到自己的员工在工作中勤于思考，这是完成工作计划中非常重要的一环。这个世界不缺会干活的人，缺的是会思考的人。任何一个公司在做一件事情之前，如果决策层没有认真地进行思考，这件事情就不会干得非常出色。而我们在工作中也是如此，如果自己不主动进行思考，也很难做好自己的工作。

我们都希望将本职工作做好，完成既定目标，对公司有所贡献，同时也会使自己享受成就感，进一步接近自己的梦想目标。但是，我们在具体工作中，是“在干工作”还是“边思考边干工作”？简单的执行很容易成为顺利完成工作的障碍，甚至不能达成预期的工作目标。

有一家电台请来了一位商业奇才做嘉宾主持。很多人想听听他成功的方法。他却淡淡一笑，说：“还是我出道题考考你们吧！”

“某处发现了金矿，人们一窝蜂地涌了过去，然而一条河挡住了他们的去路。这时，如果是你，你将怎么办？”

有人说绕道走，也有人说游过去。嘉宾只笑不说话，过了很久他才说：“其实我们仔细思考一下为什么非要去淘金呢？不如买船从事运送淘金者的营生，那样同样是成功的捷径啊。”

成功往往就隐藏在别人没有注意的地方，假如你能发现它，抓住它，利用它，那么，你就会有机会获得成功。困境在智者的眼中往往意味着一个潜在的机遇，愚者对此却无动于衷，而智者会善于思考。

职场中，不要成为工作中“无心的懒人”。每天朝九晚五，按照公司的各种流程工作，但是失去了“思考”，我们就会变得懒惰——错失了看见新事物的机会，丧失了发现机会的能力，所做的工作也只是简单的复制，如同复印机一样。而我们也只是和办公室里的电话、电脑一样，只是比它们多了生命这个概念。在这样的情况下，工作自然没有任何乐趣而言，更谈不上什么工作成绩、升迁或者发展。

一只口渴得半死的乌鸦看到一个水罐，这水罐曾经装满了水。当它到了水罐跟前，不幸发现罐里只剩下了一点儿水，它根本就不可能喝到。乌鸦尝试了能想到的一切办法来喝水，但到头来他所有的努力都徒劳无功。最后，乌鸦找来了很多小石子，用嘴衔着一块接一块地丢进罐里，最后终于喝到了水，因此救了自己的命。

遇到困难，泰然处之；面临危机，冷静应战。只要我们能够及时转变思路，或许就可以找到解决问题的办法，甚至产生出乎意料的结果。有一句话说得好：“大脑要勤于思考、思想要勇于创新、工作要追求卓越、人生要追求价值。”

每个人都会思考，但是在思考问题时能够多想几步，在思考中能更深入、更透彻地了解事物的本质，岂不更有助于创新？其实在现实生活中，多想几步，具有远见卓识，将给我们的生活带来极大的价值。

勤于思考、善于计划，是很多成功人士的良好习惯之一。正是这种习惯，使他们在攀登事业巅峰时能得心应手、有条不紊。

我们经常能在生活中看到这样的现象，机会和能力相差无几的人成就却有很大的不同。但你很快就能发现，那些成就大的人，通常会把影响到他们工作的重要之处全部综合起来加以运用。如此一来，他们比一般人工作得更加轻松愉快。

因为他们已经懂得办事秘诀所在，知道怎样从无足轻重的事情中抽出重要的事先办，所以，他们等于已经为自己的杠杆找到了一个支点，只要用小指头轻轻一拨，就能移动即使你以全身的力量也无法移动的沉重工作重量。

英国作家凯瑟琳·罗甘曾经说过："远见告诉我们也许会得到什么东西，远见召唤我们去行动。心中有了一幅宏图，我们就从一个成就走向另一个成就，把身边所具有的条件作为跳板，跳向更高、更好、更令人快慰的境界。如此，我们就拥有了无可估量的永恒价值。"

思考会给你带来巨大的利益，会替你打开意料之外的机会之门，会增强你的人生发展的潜力。要知道，一个职场人愈有思考力，就愈有潜能可以发掘。

第六章
利用企业平台，成就卓越的自己

在一个企业、一个团队中，表面上看大家相差无几，但在个人能力、素养和贡献方面却像金字塔一样，卓越员工就是位居金字塔顶端那一少部分能力强、素质高、贡献大的人。因此每一个员工都应以卓越员工为榜样。

1. 每天进步一点点,不断提升自己

没有哪一个员工是全能型的,也没有哪一个员工会因自己现在的能力受用一生,所以,只有不断发现自己的不足,挖掘自己潜力,每天进步一点点,不断提升自己,才会让自己成为一位最具有竞争力的员工。

一个没有竞争意识的员工不是一位合格的员工。如果你不知道自己欠缺的是什么,不懂得不断地从工作中提高技能,那么你很快就会被这份工作抛弃。所以,当你踌躇满志的时候,别忘了扪心自问,我是否有能力比别人做得更好?

一个不具有竞争力的员工,在工作中势必会毫无建树。所以,优秀的员工都懂得:适时地从错误中自我反省,并及时给自己充电,让自己的潜力得到最大限度的发挥,这样才可以在平凡的工作中做出不平凡的成绩!

于丹曾说过:“在今天看来,一个人的发展往往不在于终极理想有多高远,而在于眼前有一个什么样的起点。我们往往不缺乏宏图伟志,而缺少通向那个志愿的道路。”

他是韩国一家保险公司的保险推销员,他非常相信“每天进步一点点”的理念,并且将这一理念付诸行动,坚持做下去。他对自己的要求很简单:今天要比昨天进步一点点。他每天晚上都会对自己一天的工作,学习进行总结,找出自己的缺点并加以改正,帮助自己不断进步。在公司里,他每个月都要召开一次“批评会”,恳请别人对他提建议,直言不讳地指出他的缺点。在每一次会议结束后,他都会认真总结并一点点地加以改正。这种“批评会”一直持续了很长时间。后来,他为了取得更好的效果,甚至自己出钱向客户、朋友征求“批评”,请大家“批评”他的信用,“批

评”他的办事效率，“批评”他的业务知识。当时，他的这些举动让很多人觉得难以理解，认为他不是傻了就是疯了。不过，他一直没有放弃，继续坚持下去。随着他一点点地进步，他的业绩也一点点地提升。

通过这样的“批评会”，在他40年的保险推销生涯中，他所获得的“批评”越来越少，最后近乎绝迹。在每一天的一点点进步中，他最终收获了成功，他成为韩国最伟大的保险推销员和亿万富翁，他的名字叫金正民。

作为一名企业员工，我们应该有选择地从金正民的这种方法中加以借鉴。要想每天进步一点点，必须依靠自己的自觉和努力。认清自己在哪方面比较薄弱，一点点地改正，一点点地完善，就一定能不断地进步、长期地进步，从而一步步迈向成功。

在这个世界上，没有谁能让你变得落后，只要你学会每天进步一点点。也许你会问：“当我对自己糟糕的表现不满意的时候，如何才会做到这一点呢？”毕竟有自知之明的员工永远都不会变得无可救药。这里只想说的是：“不满意就是一种进步。”因为，这至少说明你是带着思考，在工作中悟出了自己的不足。

从你工作的那天起，你不但被赋予了责任，同样也被赋予了思考与判断的权利，将工作做得越来越好。虽然世上的事物没有哪一件是绝对完美的，任何工作都没有它绝对完美的时候。但是，你只需要学会把工作做得一天比一天好，你的进步便是无穷的！

有一句美国谚语说：通往失败的路上，处处都是错失的机会，坐等幸运从前门进来的人，往往忽略了从后门进入的机会。你的文凭和经历只能代表过去，在以后的工作中，只有勇于负责，每天都有所改变、有所进步的人，才能够成为一个卓越的员工，并抓住机遇，顺势而上。

在企业，只要你能以积极主动的态度，努力改进自己的工作，每天进步一点点，不断提升自己，就会在激烈的竞争中脱颖而出。

有个姓吴的员工，他的父母都下岗了，生活很困难。他高中毕业后，因为不想让家里负债给他交学费，不得不放弃上大学的机会，到一家进出口公司来打工，做了一名普通的工人。但是，他不像别的工人那样，拿一份钱，干一份工作，他每天都在工作中不断学习，想办法充实自己，努力改变自己工作的境况。他注意到主管每次总要认真检查那些进口商品的账单，由于那些账单用的都是英文和德文，他就在每天上班的过程中仔细研究那些账单，并努力钻研学习与这些商务有关的英文和德文。后来，当主管忙不过来时，他就主动要求帮助主管检查。由于他干得实在是太出色了，以后的账单自然就由他接手了。

过了两个月，他被部门经理叫到办公室。部门经理的年纪比较大，是公司元老级人物了，他说："我在这个行业里干了30年，根据我的观察，你是唯一一个每天都在要求自己不断进步、不断在工作中提升并改变自己的人。从这个公司成立开始，我一直从事外贸这项工作，也一直想物色一个助手。这项工作所涉及的面太广，工作比较繁杂，需要的知识很庞杂，对工作的适应能力要求也特别高。现在，我们选择了你，认为你是一个十分合适的人选，我们相信公司的选择没有错。"

尽管小吴对这项业务一窍不通，但是，他凭着对工作不断钻研、学习的精神，让自己的能力在每天进步一点点的理念下不断地提高。半年后，他已经完全胜任这项工作了。一年后，部门经理退休了，经过大家的审议，由他接任了这个职位。

现在，他在这家企业里已经有了相当的地位，收入远比原来要高，你能说，他比那些大学生差吗？

有人说，人的身体之所以保持健康活泼，是因为人体的血液时刻在更新。同样，作为公司的一名员工，只有不断地从学习中吸收新思想，不断地提升自己的思考能力，坚持每天进步一点点，注定会给自己生活、工作和人生带来巨大的收益。

成功是什么？成功就是不断进步的结果。

成功需要什么？成功需要每天进步一点点。

我们要牢牢记住这样的成功公式：成功＝100％意愿×100％方法×100％行动。意愿是内驱力，你要提醒自己每天都要有所收获；方法是催化剂，你可以不断提升自己的知识技能和能力；行动是保证，你每次努力一点点，最终会形成质变，让你突破自己、突破极限。你渴望成功吗？如果答案是肯定的，那么请你从当下开始，从每天一点点的进步做起。

2. 努力工作，力求做到最好

一个人若没有热情，他将一事无成，而一个人如果空有热情而不努力，也将同样一事无成。在职场，在企业，努力付出才有回报。

"打工皇后"吴士宏是职场上的传奇人物，也是许多职场人士心中的偶像。她的名字传遍了职场每个地方，成了年轻白领的奋斗目标。

吴士宏年轻的时候当过护士、勤杂工，后来，一次偶然的机会，她进入了 IBM 公司。在 IBM 公司，吴士宏凭借自己对工作的热情和顽强的拼搏、辛苦的付出，做出了突出的业绩，从一名最底层的员工晋升为 IBM 中国华南分公司总经理。

1997 年，吴士宏又被任命为 IBM 中国区销售总经理。1998 年，她离开了 IBM，加盟了微软，被任命为微软中国区总经理。1999 年，又去了 TCL 任集团常务理事、副总裁。吴士宏已经由"丑小鸭"变成了"白天鹅"。她之所以会有这样的成就，靠的不仅仅是运气，更多的是出色的个人能力和对工作的高度热情与责任心。正是这些才博得了各大集团老板的欣赏，给了她很高的位置、很广阔的舞台去发挥。

当年，吴士宏刚刚踏入 IBM 的时候，她所做的工作基本上就是扫地、擦桌子、接电话等杂活。面对这些没有技术含量的工作,大多数人会就此沉沦,得过且过,而吴士宏却将桌子擦得最干净,将地打扫得一尘不染,凭着这股认真、热情、执著的精神,她很快引起了部门领导的注意,并开始重用她,她的职位也一升再升。

吴士宏做任何事情,都会努力做到最好,将自己的能力充分地展现出来。功夫不负有心人,经过不断地努力和细心钻研,她的个人能力突飞猛进,得到了公司上下的一致认可。

后来,吴士宏总结自己成功的经验时说:“我其实是个很普通的人,之所以会有今天,是我在工作中不断努力的结果。我做任何一份工作,都会努力将它吃透摸清,让自己的能力得到全面的发挥,然后,自然而然地就会得到重用。”

正是凭借自己的勤奋和努力,吴士宏才从一个勤杂工成长为一家跨国企业的经理,她的职场之路看似曲折,却也一帆风顺。吴士宏并没有受过正规的教育,也没有任何深厚的背景,但她能够在 IBM 和微软两家企业成为区域负责人,全靠自己废寝忘食的工作态度和勤奋踏实的工作精神。她在成功之路上所走的每一步都与她的胆识与智慧分不开,更与她认真对待工作的心态息息相关。

一个人对待工作的心态,是积极的还是消极的,是上进的还是无所谓的,直接影响工作的好坏。工作,是一个人施展自己才能的好舞台,无论做什么工作只要脚踏实地沉下心来做、用心去做,总会有收获,这是不变的真理。书中古罗马哲学家们早已给人类提供了最伟大的见解:没有卑微的工作,只有卑微的工作态度。具体来说,也就是我们的工作态度完全取决于我们自己,我们能否取得成功则取决于我们的工作态度!它有助于我们解除困惑,调整心态,重燃工作激情,使人生从平庸走向杰出。

第一个态度是将你手边的工作努力做到最好。这是所有成功者总结他们之所以成功的原因中占首位的因素。人生还漫长,幸福与否,成功与否,不在于三五年。因为你这样做,可贵的并不是你所做工作的结果,而是你所形成和表现出一种态度，一种品格。如果上帝要我刷马桶，我也要做一个刷马桶最好的人。不想当元帅的士兵不是一个好士兵，也不是每一个士兵都可以成为元帅或将军，但是，你可以确保自己做一个最优秀的士兵。

第二个对待工作的态度是绝不拖延。世界上最不费力的事就是拖延时间。大多数失败者犯的致命性错误就在于此，也没有比拖延更能耗费宝贵的生命了。有人统计过，失败的数十种因素中，拖延位居前三名。在工作中拖延的代价你是无法承受的，记住，拖延和懒惰是兄弟，两者总是同时出现。有句古话，业精于勤荒于嬉。拖延和懒惰只会带你坠入贫穷的深渊。拖延的反面是什么？就是马上行动。所以，如果你有拖延的恶习，克服的方法只有一个，马上行动。

第三个态度是努力苦干。所有的工作没有捷径，只有苦干，"书山有路勤为径，学海无涯苦作舟。"学习是这样，工作同样是这样。99%的汗水加1%的灵感等于成功。今天，在工作中很少有人会告诉你，要努力，只有自己不断提醒自己，要努力干，才能得到自己所想要的。所以不断提醒自己努力的人最终都成功了。即使不是百万富翁，千万富翁，他的生活都是富足的。吃得苦中苦，方为人上人。

每一个人生下来都有千里马的潜质，但是需要在成长过程中慢慢地磨炼、培养、挖掘，才能成长为一匹真正的千里马。而另一些不愿意吃苦、没有毅力、不愿超越自我的，就成了扼杀自己潜质的"驽马"。不要怨自己的工作平淡无味，不要怨你的上司不赏识你，不要怨你的同事不认可你，因为你还没有足够的业绩和能力，因为你的努力还不够。那些还没有做多少工作就开始抱怨工作的人，永远不可能实现他们的理想，因为他们不想努力。

只要努力了，就能把工作做到最好。但我们需要的是做到最好，所以要更加努力。

有人没做好工作，就总是抱怨客观条件，有些人还将别人的成功归咎于"有特殊或超人的能力"，自己没有成功是因为不具备特殊能力。这种观念是十分错误的。其实,能力是努力的积累,长期不懈的努力才能换来很强的工作能力,谁都可以为实现自己的目标而拼命工作。未做任何努力就断定自己做不到,找出各种借口为自己推脱责任,就不会有成功的人生。

成功不需要“为什么做不到”的理由,需要“如何才能做到”的积极想法和实事求是的态度。有“强烈追求”的心就一定会成功,朝着自己的理想去脚踏实地的力争吧,不久,努力的结果将成为你的自信和骄人的成绩,成为增强你挑战欲望的引擎。

在企业里,一个人的能力有限,但努力无限。能力普通的人,若能清楚自己的缺点,并极力弥补,表现一定会比资质过人却不特别努力的人好。有人说:“人是不同的,能力有大有小,但只要努力、用心去工作,那能力的差距就会缩小,甚至超过那些所谓有能力的人。”是的,职场中,不管在哪个岗位,只要认真工作,就一定能做好。有能力的人,也许只要花一个小时处理好的事情,可能我要花两个小时的时间,这些都不可怕,积极去做,花时间用心去做,不耻下问,废寝忘食,踏踏实实,兢兢业业,在实践中不断积累经验,一样可以收到事半功倍的效果。

如果你是员工,就必须努力使自己成为一名优秀的员工,就必须脚踏实地,努力工作。最好的员工是把全部精力投入自己的工作中,而最差的员工却是每天忙于找工作。工作只是分工不同,而没有高低之别,只要在平凡的岗位上,做出不平凡的成绩,你就是最优秀的,你就会做到最好。

3. 做优秀员工,不做平庸员工

优秀与平庸,是生活的两种状态,两种心境。在事业的舞台上,我们是以精彩的表演博得众人的喝彩和掌声,还是因蹩脚的表现而被迫退场,决定权在我们自己的手中。如果我们抱着做好做坏对我们意义不大的心态，又怎么会努力地工作，又怎么能将自己的水平发挥得淋漓尽致？如果我们不认真工作，反映出来的就是——对工作应付敷衍，业绩平平，毫无建树，甚至被淘汰。只有全情投入工作，视工作为终生的事业，充分焕发热情，你才能告别平庸的生活，实现自我价值。

巴菲特说："当你具备了优秀员工的职业素养，你就走上了职场的阳关大道，再也不用担心自己的表现不被重视，再也无须自责碌碌无为，迎接你的必是卓绝优秀的美好人生。"

巴菲特的话告诉我们，要做就做一个优秀的员工，而不要做平庸的员工。

在很多公司大家会常常发出这样的感慨：同在一个单位、同样的学历，为什么有的人总是业绩更好、工资更高、待遇更优、进步更快、更能够获得领导的信任？为什么总有一部分人比别人优秀？优秀有什么特质？如何使自己成为一名优秀员工？这是许多公司员工都在思考的问题。

优秀的员工，懂得投入激情，不懈努力。

曾有个故事，也许对我们有所启发。

挪威渔民出海捕沙丁鱼，如果抵港时鱼仍活着，卖价要比死鱼高出许多倍。因此，渔民们千方百计想让鱼活着返港，但种种努力都失败了。

只有一艘渔船却总能带着活鱼回到港内，收入丰厚，但其中原因一直未明。直到这艘船的船长死后，人们才揭开了这个谜。原来这艘船捕了沙丁鱼，在返港之前，每次都要在鱼槽里放一条大鲶鱼。

放鲶鱼有什么用呢？原来鲶鱼进入鱼槽后由于环境陌生，自然四处游动，到处挑起摩擦，而大量沙丁鱼发现多了一个"异己分子"，自然也会紧张起来，加速游动。这样一来，鱼儿们就一条条活蹦乱跳地回到了渔港。

工作也是如此，想要在工作中取得骄人的成绩，成为一名优秀员工，除了要不懈地努力，热爱本职工作，你还需要投入一生的激情。当你进入一家公司，并开始承担起工作，那么老板就一定认为你能担得起来这份工作，如果你的工作做不好而受到老板的挑剔，那么问题很有可能出在你这里，对于你胜任的工作，你唯一缺少的就是激情。

当然一名优秀的员工最重要的还需勇于承担责任，这是人的一种品质，也是身在职场生存的基本条件。无论职位高低、能力大小还是身在何种性质的企业，不管岗位职责管理幅度宽窄，必须立足本职，独当一面，肩负起应有的责任，对得起那份薪水和良知。

每个人都会犯错误，犯错误不可怕，可怕的是找各种借口理由推卸，不敢承认，并养成习惯，成为一种习惯性思维定式、行为定式，更为可怕。不知不觉，身在其中没有意识到更麻烦。犯错后关键要找到问题根源所在，解决问题，使同样的错误不再重复地犯，"人不能两次踏进同一条河里"，是最为重要的。

做一名优秀的员工，除了要勇于承担责任外，在工作中还有几个显著的特征：

一、要热爱工作，追求卓越 。一名优秀的员工，随时随地都具备热忱而且精神饱满，因为人的热情是成就一切的前提，事情的成功与否，往往是由做这事情的决心和热情的强弱而决定的。碰到问题如果有非成功不可的决心和热情，困难就会得到解决或者变小。这就要有一种不完成任务不放弃的心态对待工作，就是追求卓越，以最好的标准来要求自己。你要站在领导的角度换位思考一下，你月底领薪水就得给人家一个交代，这是做人最起码的职业道德和职业素质，也是良心与道德的问题。再从自己的角度想一想，如果你想做一番事业，那就应该把眼下的工作当做自己的事业，应该有非做不可的使命感。所以说一个人的工作态度折射出他的人生态度，而人生的态度决定一个人一生的成就。

二、要用心对待，用心做事。用心做事，就是指用负责务实的精神，去做每一天中的每一件事；用心做事，就是指不放过工作中每一个细节，并能主动地看透细节背后可能潜在的问题。所以，任何时候，只有用心，才

能见微知著。不论做任何事情都要追求卓越。一个人的能力有大小之分，天分有高低之分，悟性有好坏之分，但它决定不了一个人的命运。最重要的是勤能补拙，一分耕耘一分收获。反之，再好的资质，不去磨炼也难成大器，即使小有成就也不会长久。因此，优秀员工一定要热爱工作，追求卓越，以积极的心态对待工作，对待学习，对待生活。

三、要把敬业当成一种习惯。敬业，就是要敬重自己的工作，就是要在任何环境下，把敬业当成一种习惯。敬业与你从事的工作无关，不管你做什么工作，只要有敬业精神，你就更容易成功。现在，大家能得到自己一分满意的工作或岗位，都不容易，所以必须要时刻保持高度的敬业精神。

4. 勇于挑战别人做不到的事

成功者之所以能取得成就，就在于他们能做别人做不到的事。而失败者之所以处于劣势地位，也是由于他们没有挑战自己的勇气，走不出这看似简单的一步，天空并不高，向上伸手就能碰到；梦想并不远，跨出步伐就能到达。高度的判断不在于视野，而在于心态；距离的断定不在于长度，而在于行动。

软件巨子王嘉廉说："我就是喜欢做别人认为做不到的事，这最能引发我的兴趣与雄心。"

见过王嘉廉的人，都能从他的眼神里感觉到阳光的存在。这是一种耀眼得不能回避的阳光，他本不属于阳光灿烂的年龄——62岁。但因为他心底里的快乐，温暖、感染着周围的人。

王嘉廉长着非常普通的华人面孔。略微卷曲的黑发调皮地贴在额前，见人就笑的样子，显出美国式的天真。他会盯着你一遍一遍地微笑，问："How are you ? How are you ?"

在王嘉廉独特的快乐工作方式之下，他创办的CA公司以惊人的速度膨胀。现在，他的企业为全球第二大独立软件公司。全球95%以上的世界500强企业都是他的用户。中国大型金融与电信机构用的企业管理软件，几乎均出自CA门下。王嘉廉创办的这家企业，年产值超过60亿美元。而他本人则是全世界唯一可以和比尔·盖茨比肩的人物，美国前总统老布什、比尔·盖茨等都是他很好的朋友。

现在，王嘉廉越来越多地往中国跑。除在中国设有直接的分公司外，王嘉廉还在中国设立诸多合资企业，如北京冠群金辰软件公司、冠群联想软件公司、杭州东信冠群软件公司、上海光华冠群软件公司、中软冠群软件公司等，还有与东软的合作。

王嘉廉执著于中国，公司里有人甚至戏称作为董事长的他："可以当公司在中国的首席代表了。"他笑着默认："每次回上海，我都觉得特别亲切，会想起小时候的许多事。"

1952年那个秋天，王嘉廉随家人离开熟悉的上海，远渡重洋，来到陌生的美国。在另一个世界里，他开始了神奇而陌生的生活。

性格冥冥中主宰着王嘉廉的命运。年少时的王嘉廉活跃调皮，对正规教育不感兴趣，向往独立创业。他说："我从小不喜欢传统的学校教育，那简直是浪费时间。"

如果不是看到纽约时报的招聘广告，王嘉廉的一生也可能重写。"在皇后学院毕业后，有一天，我翻阅纽约时报的招聘专栏时，发现有整整两页半的篇幅全是招聘电脑程序员的分类广告。我当时就跟母亲说，我想成为一名电脑程序员。"母亲问，什么是电脑程序员？"我也不清楚，但是老天，市场上真是需要大量的程序员！"许多年后，王嘉廉回忆此事时，仍觉得有些不可思议。事实上，所谓的一句话改变人的一生，其实是命运所致，也是性格所致。

从此，王嘉廉找到了长大的路，通往成功的路。1976年，32岁的王嘉廉开始了在美国的创业生涯。他创办的公司叫 Computer Associates 简称 CA，做软件。开创时仅有 4 人，每天都面临着活不下去的危险。王嘉廉统率下的 CA，在经历了上市不断收购的过程后，在全球 40 多个国家有 160 多个分公司，1.8 万名员工。成功令人炫目。

他的积极和行走如风，给人留下了深刻印象。他的豪华作风，也让人见所未见。王嘉廉出行，都是乘专机前往。来北京的时候，他永远住"总统套房"，永远有神秘面孔的保安相随左右。从戴着名贵戒指，穿考究的白衬衫与西装看，他绝对是个对生活有相当高的要求的人。在他眼里，最珍贵的东西只是时间。"善用自己的时间"一直是他生活工作的理念。

"我就是喜欢做别人认为做不到的事。如果别人告诉我不可以做这个，不可以做那个，这最能引发我的兴趣与雄心。"也许，这就是他成功的秘诀。

弱者坐失良机，强者创造时机。这就是敢于挑战自我的人的成功秘诀。敢于挑战自我的人用挑战与各种苦难周旋，不仅经受得起失败，同时也经得起成功。

勇于挑战别人做不到的事，其实就是挑战自己，而敢于挑战自己是成功者的一个重要素质。只有敢于挑战自己，你才会对自己提出更高的要求。有人总结出成功者做事的三个态度是：

一、做别人做不到的事；

二、做别人想不到的事；

三、做别人不愿做的事。

只有这样做了，你才能享受到别人享受不到的成功。

有一天，龙虾与寄居蟹在深海中相遇，寄居蟹看见龙虾正把自己的硬壳脱掉，只露出娇嫩的身躯。寄居蟹非常紧张地说："龙虾，你怎么可以把唯一保护自己身躯的硬壳放弃呢？难道你不怕有大鱼一口把你吃掉吗？以你现在的情况来看，连急流也会把你冲到岩石上去，到时你不死才怪呢。"

龙虾气定神闲地回答:“谢谢你的关心,但是你不了解,我们龙虾每次成长,都必须先脱掉旧壳,才能生长出更坚固的外壳,现在面对的危险,只是为了将来发展得更好而作出准备。”

寄居蟹细心思量一下,自己整天只找可以避居的地方,而没有想过如何令自己成长得更强壮,整天只活在别人的护荫之下,难怪永远都限制自己的发展。

世上有许多人,他们其实和这只寄居蟹一样,什么条件都具备,但是就是做事太慎重、怕风险,做每件事之前都经过反复思虑,结果当他决定行动时,什么机会都溜走了。由此可知,只有敢于冒险,勇于挑战别人做不到的事情,才能获得意想不到的成功。作为一名员工,遇到问题或在机遇面前,绝不能迟疑不决、优柔寡断。要勇于创新,勇于挑战别人做不到的事情,相信成功就在眼前。

5. 以老板的心态对待工作

“无论在什么地方工作,都不应把自己只当做公司的一名员工——而应该把自己当成公司的老板。”这是英特尔公司前董事长安德鲁·格罗夫的肺腑之言。

而现实中,很多员工做事都是抱着为了雇主而做的心态,认为“你出钱,我出力”,自己做好自己的分内工作就行了。其实不然,因为我们不仅能从工作中获得报酬,还可以从工作中学到比别人多的经验,而这些经验便是你向上发展的基石,就算你以后从事不同行业,你的经验积累也必然会为你带来助力,以不断强化你的核心竞争力。因此,如果你很敬业,如果你能以老板的心态对待工作,那么无论你从事何种行业都容易成功。

我们主张员工要以老板的心态对待工作，并不是让你不顾实际、时时处处都以老板的标准来要求自己，而是在强调一种积极主动而又负责任的意识，而这种意识将会让你获益匪浅。

李想因家境困难，高中一毕业就外出谋生了，他只身一人来到了广州。不久后在一家贸易公司做了一名库管。他工作非常用心上进，老板对他们也很好，还在距离仓库不远的地方为他和几个工友租了一间宿舍。

一天深夜，李想和工友们都进入了梦乡，突然间他被连绵不断的炸雷惊醒。这时，他才突然想起公司有一批怕潮湿的货物还堆积在露天仓库里。于是就赶紧起床穿衣，工友们被惊醒后都劝他："这深更半夜的，眼看暴雨将至，再说这也不是上班时间，即使有损失也没有你什么责任啊，安心睡吧！"

但李想最终还是以最快的速度冲向了仓库所在地，还好当他赶到时，雨点还未落下。他急忙打开库房的门，拖出了重达上百斤的苫布。过了不一会儿，瓢泼大雨终于来了，这时仓库门口突然开进了一辆车，原来老板也从家里火速赶来了。然而，当老板走下车门的那一刻，却被眼前的一幕惊呆了：浑身湿透的李想已经将毡布的最后一个角压好，此时所有的货物都已被完好无损地盖在了苫布下。看到这一切，老板的心被彻底感动了。

不久后，由于工作主动、出色，老板便任命李想担任了仓库主管。

李想的行为再次启示我们，一个以老板心态对待自己工作并处处为公司利益着想的人，无论他的职位如何卑微，也无论他所从事的工作如何微不足道，他都会以超强的热情和敬业的态度去捍卫公司的利益。而且，付出就会有回报，公司是不会亏待那种真正为公司创造了价值的人的。

优秀的员工要以老板的心态对待工作，因为这对于一个人的事业发展高度有很大的影响。一位老板曾说过，看一个人有没有出息，不是看他处在什么环境，干什么工作，而是要看他以怎样的心态来对待环境，对待工作，如果你以老板的心态来工作，那么你就会从全局的角度来考虑工作，确定这份工作所处的位置，从而把工作完成得更圆满，更出色。

如果你以老板的心态来工作，那么，你就不会拒绝上司安排给你的工作。你会认为这是表现自己工作能力，锻炼自己技能和毅力的一次机会。有了这样的心态，你就会因工作做得出色而使薪水得到提升，即便没有，你综观全局的领导能力也会得到培养、锻炼和提升，从而为你将来自己创业准备条件。

职场中老板是为自己而工作的人，他是要为企业创造业绩，同时也要对自己负责的人。如果你有为自己工作的心态，你也具备老板的素质。如果你的心态是在为别人工作，必须靠别人的监管控制才肯努力工作，那你注定一辈子是个打工者。但是，怎样才能具备这种心态呢？

为自己打工。如果你把公司当作是自己实现抱负的平台，那么，你就已经是公司的老板。因为你已经和公司融为一体了，你的每一分努力都不会白费。

把老板的事业当成自己的事业。以老板的心态对待工作，就要像老板一样，把公司的事业当成是自己的事业。有了老板的心态，你就会成为一个值得信赖的人，一个老板乐于接受的人，从而也是一个可托大事的人。

抛弃打工心态。长期的打工心态淡化了人的责任感，固化了人的思维，扼杀了人的创新思维，没有成本观念和质量意识，缺乏长远规划。最为关键的是，给别人打工的时间越久，看问题的视角就越悲观，总是站在受害人的角度思考问题，只能使自己越来越自卑。

能力比薪酬重要。有了能力的依托，你才能选择发展能力的更大空间，眼睛里只盯着工资高低的人往往忽视了自己能力的提升，这种舍本逐末的行为，最终会在频繁的跳槽之中荒废了自己的能力，也得不到自己获得高薪的筹码。

向老板一样思考和行动，你就具备了老板的心态，你就会考虑公司的成长，考虑公司的费用，你会感觉到公司的事情就是自己的事情。你就知道什么是自己应该去做的，什么是自己不应该做的。

有很多人甚至认为，我出力，老板出钱，等价交换，谁也不欠谁的，谁也不用过分认真。于是，在工作中，没有一丝工作热情，像老牛拉磨一样，懒懒散散，不求有功，但求无过。但是，如果你真想成为一名优秀的员工，要想在公司里有所发展的话，就把公司的事情当做自己的事业来做吧！

因此职场的我们请记住，一定要以老板的心态工作，既是为了得到那份薪水，也是为自己独立创业准备条件。作为一名渴望在事业上有所发展的职场中人，应该时刻提醒自己以老板的心态来工作，这样，不仅能把自己分内的工作干好，而且对自己的综合能力也是一个很好的提升

6. 永远走在别人前面

古希腊哲学家苏格拉底曾说："要使世界动，一定要自己先动。"中国的古谚语也说："早起的鸟儿有虫吃，会哭的孩子有奶喝。"这些充满智慧的话语和谚语道出了同一个道理：凡事要主动，要先行一步，消极等待则有可能什么也得不到。能快捷、高效、自动完成任务的员工，是目前许多公司急需的人才。

那么，如何才能快捷、高效地完成任务呢？答案只有一个：第一时间去做！即在接受任务后，立即行动，而不是找借口拖延。当我们能把工作任务完成在公司预期之前，并且是完美无缺时，我们就开始有筹码进军"好员工"行列了。

在某公司经理办公室里：

"王强，你明天去南京全面接替于阳的工作。记住，广州的市场对我们公司来说举足轻重，你只许成功，不许失败。"

“请放心,经理,我一定不会辜负你和公司对我的期望。”

“这样就好,叶秘书,你去为王强订一张明天去广州的机票。”

“好的,我这就去。”

“不,就订今天的吧。我知道晚上还有一趟去广州的航班,现在准备一下还赶得上。”王强对秘书说。

“你不好好休息一下再去?今天就赶过去很累的。”经理提醒道。

“我知道,但我今天必须赶过去,晚上到了那里还有时间休息。明天就可以立即进入工作状态了。如果是明天去,同样的休息,可一天的时间就浪费了。”王强解释道。

同样是在这间经理办公室里却是另外一番情景:

“胡军,上个星期我让你准备的财务报表做完了吗?”

“这个……还没有。”

“为什么?你遇到了比这更重要的事情了吗?”

“没有。

“是生病请假了?”

“没有。”

“公司的财务出了问题,你做起来很棘手?”

“不是。”

“你忘了这件事?”

“啊,不,我没有忘。”

“那为什么没有完成?”

“我……我以为您不着急要,所以昨天才刚动手。”

几个月后,公司高层决定在企业内部实行人事调整,王强被任命为主管业务的副经理,而胡军则由财务主管降为普通财务人员。面对王强的升和胡军的降,公司的普通员工都不明白这其中的原因。其实,原因非常简单,经理欣赏和重用的是第一时间去做事的员工,而不是拖延和找借口的人。明白这个道理后,下次当公司交给你一件任务时,你是像王强一样立即去做还是像胡军一样拖延呢？如果是前者王强的前途就是你的前途；如果是后者，那胡军的遭遇也将是你的“不幸”。

在这里需要强调的是，第一时间去做，永远走在别人前面，并不是指为了抢时间或赶时间而敷衍了事地对待工作，而是要在第一时间内，高质量地完成任务。那些在规定的时间内虽然完成了工作，但没有质量保证的员工，和那些把今天的工作拖到明天或后天去做的员工，都很难实现自己从平凡到优秀的梦想。

那么，怎样才能在第一时间去做工作且又能保证工作质量呢？

首先，我们要学会快节奏地做事情。爱因斯坦在瑞士联邦专利局工作时，他快节奏地用三到四个小时就做完了全天应做的事情，然后用剩余的时间进行学习和研究，终于在1905年，在几个领域内同时取得伟大成就，开创了科学史上的先例。

其次，认真、一丝不苟。任何工作都要保证它的质量，否则，你的所有付出就没有任何意义。而要保证工作质量的关键，就是工作时要认真和用心，要一丝不苟，不能有丝毫的马虎和凑合心理，否则，敷衍了事的工作态度不仅仅是对公司的不负责任，也是对你自己本身的不负责任。

最后，要及时行动。没有行动，一切都免谈，行动才能保证有结果。

在一家公司的会议室里，经理忽然命令全体员工站起来，看自己的座椅下有什么东西，员工们纷纷起身，结果每人都在自己的座椅下发现了一张五美元的钞票。就在员工们表示不解时，经理说道：“你们看，如果坐着不动，就永远赚不到钱。”

经理用这种方法告诉了员工们一个朴素的道理：只有行动才能得到结果，一个人要获得成功，就不能只想不做，更不能承诺了又不去做，而要赶在别人前面去做！

“在第一时间去做。”是身在职场中的每一位员工都应牢记的一条金科玉律。只有在第一时间去做，机会才不会错过；也只有在第一时间去做,才能更快、更好、更完美地完成任务。

那些只知道做公司交代的事,甚至连交代的事也不愿做的员工,他们一辈子注定平庸,因为没有任何企业会把这样的员工提拔到重要的岗位上,也不可能把重要的工作交给他去做,他们也不可能成为公司无所不能的、最棒的员工。

但是,很多员工还是没有意识到走在别人前面的重要性,他们习惯于用传统的态度来对待自己的职业,这样做的结果是:那些听命行事、只满足于完成交代给自己的任务的员工,将会越来越平庸。相应地,那些能自己管理、领导自己,能主动赶在第一时间去做的员工,才是管理者最欣赏和企业最需要的人。

叶子言是一家房地产开发公司的员工。一次,叶子言和朋友聚会时,偶然听到一个内部消息,市政府有意向在市郊划出一块地皮,用来建经济适用房,以解决市内低收入者的住房困难问题。得到这一消息后,叶子言便立即动用各种关系去求证这一信息是否可靠,同时还着手准备一些前期资料,她认为如果这个消息是真实的,那么一旦公布后,市政府就会公开招标,到时会有多家开发商去投标。如果自己的公司先作好了准备,投标的胜算不就更大吗?

一些同事见了,不解地说:"叶子言,你干吗自讨苦吃呀! 你现在做的这些事,可没有人吩咐过你呀,再说,如果那个消息是假的,你岂不是白忙活一场吗?"

"如果是真的呢? 我现在做的这一切不就变得非常必要,非常有价值吗?"叶子言说。

三个月后,市政府果然公布了要在市郊南面划出一块地皮建经济适用房。这一消息公布后,市里有实力的几家房地产开发公司立即忙碌起来,开始了投标前的紧张准备工作,叶子言所在的公司也不例外。就在经理紧急召集中高层管理人员开会,商讨竞标工作的运作时,叶子言拿着一摞厚厚的资料敲开了会议室的门。

“你不是财务部的员工吗？”经理看到那一摞相关资料，又高兴又意外地问。

“是的。”

“谁让你这样做的？”

“没有人吩咐。但我认为主动并提前去做这些，能对公司有帮助。在其他公司去收集相关资料时，我们就可以动手制作标书和其他事情了，这样在时间上我们将会占有较大优势。”叶子言的话刚说完，会议室便响起了热烈的掌声。这掌声既是公司高层领导对叶子言表示的感谢，又是对她工作的肯定。

在后来的竞标会上，叶子言所在的公司果然一举中标。在庆功会上，经理特地来到叶子言跟前，郑重地代表公司向她敬了一杯酒，并宣布：叶子言将接替即将退休的财务主管的职务。

也许你会说，叶子言是幸运的，她只是主动做了一点点事情，公司却给了她很多很多。事实并非如此，公司之所以重用了叶子言，不只是因为她主动收集的那些资料，对公司中标起到了促进作用，而是更看重她的精神。试想，一个员工在做好自己分内的工作的同时，还主动去从事没有人吩咐但是对公司却极为重要的事情，这样的员工不受到嘉奖、不受到重用，公司还会重用什么样的员工呢？因此，可以这样说，叶子言的幸运是她主动、率先去做事情的必然结果。

请记住：任何工作上的事情，只有走在别人前面，第一时间去做，你才会有意想不到的收获和成功。

7. 做好分内事，也要做好分外事

很多员工都有这样一种心态，自己是一位员工，因而只做与自己职责相关、并与自己所得薪水相应的那些工作。这样一种心态定位，使他们只盯着自己分内的那些工作，而不想额外多干一点，甚至经常以老板苛刻为理由，连自己分内的工作都不努力去做，敷衍塞责，偷懒混日，被动地应付上司分派下来的工作。结果几年过后，除了拿那点薪水外，毫无所获，甚至因态度不积极，自己的那份工作和薪水也保不住。这是典型的穷人心态，如果你也抱着这样的心态打工，你就永远只能是打工者，甚至连工也没得打，只好忍饥挨饿，在抱怨中过着贫穷的生活。

事实上，很多职场人，即使是在某一个组织里工作了三十年的老员工往往也没有弄清楚，管理者和企业对自己最深切的期望是什么，他们以为是忠实执行、干好分内的事即可。然而，真正的期望是：不要只做公司交代的事，要主动去做没有人吩咐但对公司获得更大利益有帮助的事。当一个员工知道如何去发挥自己主动性的时候，他就有望成为最受管理者和企业欢迎的人了。

河南中原油田采油二厂 25 号站员工王娟，为了更直观地分析油井工作状态，在没有任何人安排的情况下，自动自发地每天为每口井绘制曲线图，自创了全站分月的产量曲线，并多次通过曲线图发现了油井工作异常，为及时处理油井问题提供了宝贵的依据。

王娟这种做法从进入油田工作不久就开始了。当时，王娟点完名看到单位的产量牌子图形十分复杂时，就产生了一种想法：我能不能做一个既简单又明了的图表或产量曲线便利大家搞分析呢？这样不但自己清楚

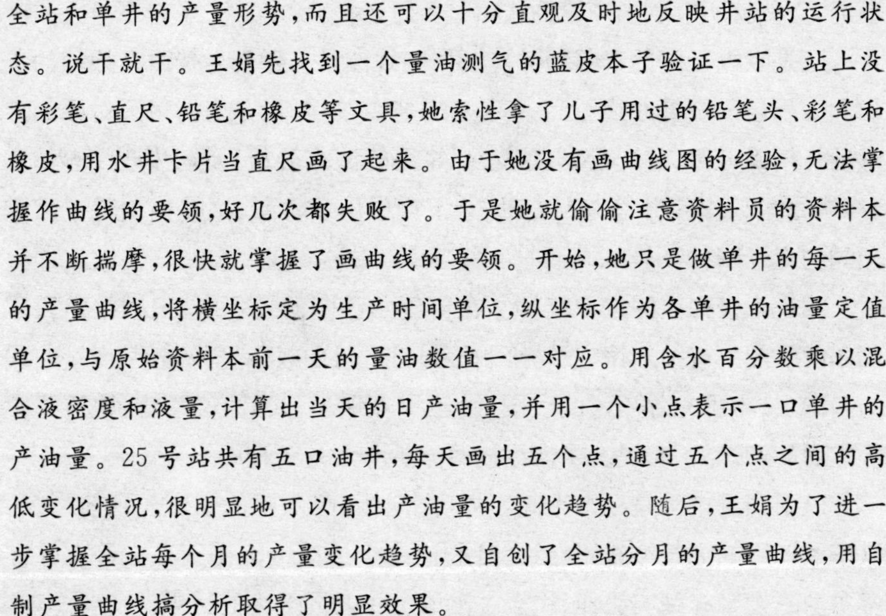

全站和单井的产量形势，而且还可以十分直观及时地反映井站的运行状态。说干就干。王娟先找到一个量油测气的蓝皮本子验证一下。站上没有彩笔、直尺、铅笔和橡皮等文具，她索性拿了儿子用过的铅笔头、彩笔和橡皮，用水井卡片当直尺画了起来。由于她没有画曲线图的经验，无法掌握作曲线的要领，好几次都失败了。于是她就偷偷注意资料员的资料本并不断揣摩，很快就掌握了画曲线的要领。开始，她只是做单井的每一天的产量曲线，将横坐标定为生产时间单位，纵坐标作为各单井的油量定值单位，与原始资料本前一天的量油数值一一对应。用含水百分数乘以混合液密度和液量，计算出当天的日产油量，并用一个小点表示一口单井的产油量。25 号站共有五口油井，每天画出五个点，通过五个点之间的高低变化情况，很明显地可以看出产油量的变化趋势。随后，王娟为了进一步掌握全站每个月的产量变化趋势，又自创了全站分月的产量曲线，用自制产量曲线搞分析取得了明显效果。

一次，王娟从她的曲线图上明显地看出 3—334 井日产量逐步下滑，就马上报告给站长，并憋压录取资料，结果显示该井压力比正常值低出很多。技术人员经过测试分析，发现该井出现泵漏故障，并及时进行了处理，赢得了宝贵时间。目前，王娟的产量曲线图已经成为大家平时搞井组分析必不可少的一项重要资料。

王娟自制单井产量曲线图和全站的产量曲线图、便利大家搞分析的事迹看似很普通，可却从中体现了四种可贵的精神：

一是自动自发的敬业精神。作为一名普通采油工，王娟的岗位职责是量好油、测好气、巡好井，井组分析工作并不在她的工作范围之内。可是王娟却在没有任何人安排的情况下，自发地绘制产量曲线，主动为区分忧，为上产献力，如果没有一种强烈的爱岗敬业之情是做不到的。

二是刻苦学习的钻研精神。绘制曲线图看似简单，却是一项专业性和技术性较高的工作。如果王娟在绘制曲线图时，不去刻苦地钻研曲线图的原理，不去积极思考制作曲线要领、偷学资料员的资料本，而是知难而退,自然就不会创出产量曲线。

三是默默无闻的奉献精神。制作曲线图是一件费力费时又烦琐的工作。王娟自创产量曲线图后,不是三分钟的热度,而是坚持每天对原油产量进行精确计算,每天绘制曲线图,并进行认真分析,及时发现了濮3—334井、濮2—211井等井况变动,为上产作出了贡献,这其中体现了默默无闻的奉献精神。

四是积极向上的进取精神。在自创曲线图的过程中,王娟在学习了制作曲线图的有关知识,成功绘制了当日产量曲线图、全站分月产量曲线的基础上,为了充分用好曲线图,她还深入地学习了油藏经营、地质开发等方面的知识,不断提高了自己油藏分析和油井管理的水平。

以上四种精神是一个人高素质、高觉悟、高水平的表现。目前,之所以采油二厂的油气产量正在逐步回升,这个成绩的取得正是由于有许许多多像王娟一样踏实工作、积极主动的员工共同努力的结果。

不难看出,企业员工要追求卓越,必须工作主动,做好分内事是责任,做好分外事是进取。

迫于生计,美国钢铁大王安德鲁·卡内基在很小的时候就出去打零工,第一次打工的工钱只有几分。尽管如此,他也从没有过放弃的念头,他相信凭借自己的能力一定可以找到不错的工作。后来,他终于找到了一份在匹兹堡送电报的工作,老板给他每天5角的工资。卡内基十分珍惜这份工作,心想一定要好好干才能有机会得到发展。但是,这份工作要求送电报员对周围的环境非常熟悉,而卡内基对这里却很陌生,怎么办?他不想放弃这个难得的工作机会,于是每天下班之后就去熟悉各个街道和地名。就这样,他风雨无阻地奔波在匹兹堡的大街小巷上,终于熟悉了每一处地方。

为了充实自己,他白天送电报,晚上自学电信知识,到了清晨就跑去电信局练习。卡内基利用自己全部的业余时间来给自己充电,几乎是疯狂地不知疲倦地工作和学习。

送电报的工作很辛苦，但卡内基没有因此感到厌倦，相反，他对发报产生了浓厚的兴趣。当多数人抱怨工作枯燥无味、毫无意义的时候，卡内基却对工作充满了激情。除了做好自己的本职工作外，他还总是主动去做一些分外的事，帮助其他同事或老板处理一些力所能及的事。

有一天清晨，他早早地来到电信局上班，查看电报时发现有一封来自费城的紧急电报。电报紧急，但是值班的技师还没有来，怎么办？卡内基知道这不是他分内的事，但是，他不能袖手旁观，于是，卡内基就代收了电报，准确地把它发了出去。后来，老板知道了这件事，就把他提拔为电报士，薪水升了两倍。

卡内基总是很主动地工作，他知道除了靠积极主动的工作态度之外，他没有更好的办法出人头地。后来，宾夕法尼亚铁路公司独立，他又被提升为电信科主任的私人秘书。

的确，作为一名员工，不管从事什么工作，首先要懂得，工作需要主动，不要总等着老板吩咐任务给自己，这样才能有更多的机遇。这就像一群唧唧喳喳等待老麻雀喂食的小麻雀，如果小麻雀不主动张开嘴巴，那么，虫子就会落入其他主动张开嘴的小麻雀嘴里，吃到食物的机会也就失去了。

职场上任何工作都是如此，只有主动去做，才能有更多的机会。如果凡事都等待老板安排，希望老板来告诉你如何去做，这样，你永远都不会有更多的机会，所以，工作不论分内分外，都不应计较个人得失，任劳任怨，勤勤恳恳，认真做好每一件事，不仅锻炼和提高了你的综合素质和职业素养，同时让你拥有了来自其他领域的才干与智慧，增长了你更多的克服和战胜困难的勇气。做好分内事重要，做好分外事同样重要。

8. 发挥优势，让自己变得不可替代

一名员工的价值，取决于其不可替代的程度。对于一些岗位，企业往往愿意提供很高的待遇，这是因为胜任该岗位的人很少。一旦该岗位的员工离职，企业很难以大致相当的成本聘用到同等水平的人才。所谓“千军易得，一将难求”，企业重视那些不可替代性很强的员工，以保证取得较好的经营业绩。

不可替代的员工，从综合素质上来讲也未必是最优秀的。他们之所以不可替代，是因为他们拥有自己的专长。俗话说，三百六十行，行行出状元。在一个企业中，需要各方面的优秀员工，不同岗位都有相应的不可替代性。比如：责任心极强的管理人员，技术过硬的技术人员，文笔出众的宣传人员，服务周到的后勤人员，任劳任怨的保洁人员，心思缜密的财务人员，百折不挠的业务人员，亲和力强的公关人员，等等，在这些岗位上，都有可能出现不可替代的员工。

有一位商人外出做生意，雇了个很厉害的保镖保护他。当然，商人得为此付给他一大笔薪水。后来，有三个很平庸的保镖，向商人提出要共同保护他，而他们要求的总报酬却少得多。商人盘算了一下，决定解雇那个厉害的保镖，让这三个人顶替他的位置。

保镖知道商人的计划后，跑去对他说：“朋友，听说你要解雇我，我也不多说什么，只想给你讲一个故事……”保镖的故事是这样的：

有个牧羊人养了条牧羊犬，帮他看管羊群。有人不解地问：养一只食量这么大的牧羊犬，究竟有什么用，还不如多养几条小狗，既节省开支，而且能更好地看守羊群。牧羊人于是用牧羊犬换回来三只可爱的小狗。他

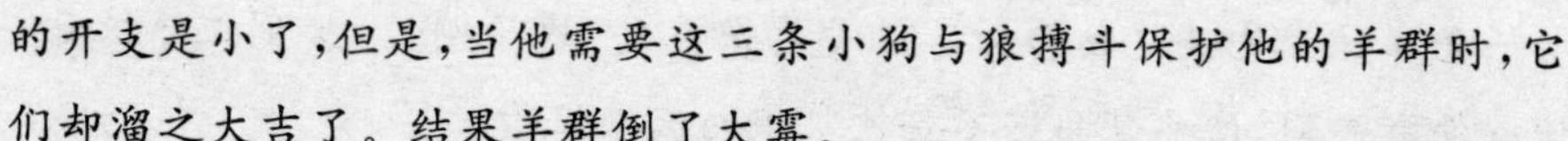

的开支是小了，但是，当他需要这三条小狗与狼搏斗保护他的羊群时，它们却溜之大吉了。结果羊群倒了大霉。

商人听了他的故事，觉得自己实在很糊涂，于是决定继续雇用他。

三条小狗加在一起的价值，根本无法与牧羊犬相提并论，这是一个很浅显的道理。故事里的保镖借此来说服商人，从而保住了自己的位置。身在职场，你是不是也像这位厉害的保镖一样，相信自己胜过平庸者很多，从而对自己的优势深信不疑呢？

我们要想在职场上取得成功，必须扬长避短，把注意力集中在自己的优势上，发现、开发、经营和发展自己的优势。只要在自己所擅长的领域里做到卓越，我们就是非常成功的自我经营者了。世界上最让人痛苦和无奈的事情，莫过于用自己的劣势去与别人的优势作比较。那就如同用鸡蛋去碰石头，结果可想而知。

一个人能否成功，就看他是否能最大限度地发挥自己的优势。因此，只有经营好自己的优势，才能打造出真正的核心竞争力，才会取得成功。

在职场上，你要成为你自己。与其费尽心思地去改善自己的劣势，还不如努力把自己的优势发挥到极致。

总之，只有找准了自己的独特优势，才能最大限度地发挥自己的潜力，从而让我们“不可替代”。

“二战”后，受经济危机影响，日本工人大量失业。一家食品公司效益大幅下降，濒临倒闭。为了渡过难关，这家拥有近100名员工的公司决定裁员三分之一。三种人进入裁员名单：清洁工、司机和仓库保管员，这三种人加起来有30多名。于是经理找这些人谈话，说明了裁员的意图。

清洁工说：“我们清洁工很重要，假如没有人打扫卫生，没有清洁、健康的工作环境，你们怎么能全身心投入工作？”

司机说：“我们司机很重要，没有我们，产品怎么能迅速销往各地的市场？”

仓库保管员说："我们仓库保管员很重要，战争刚过，社会秩序很乱，假如没有我们，这些食品岂不要被饥饿的流浪汉偷光！"

经理认为他们的话很有道理，通过再三考虑，公司最后决定不裁员，而是重新制定了管理策略，在其他方面降低成本。经理还让人在公司门口悬挂一块大匾，上面写着："我很重要。"

此后，员工们来上班，首先看到的便是"我很重要"。这句话调动了全体员工的积极性。一年后，公司迅速崛起，成为日本最著名的公司之一。

拿破仑·希尔的畅销书《思考与致富》中有一句话："凡是人们能够设想并坚信不疑的事，都是可以实现的。"但是，这并不是说你可以盲目地自信。你的自信，应该建立在一个牢固的基础之上，否则就是夜郎自大。你要切实认识到自己在企业的地位，不断提升自己的不可替代性。要做到这一点，首先要明确自身的优势，这需要考虑以下三个问题：

一、企业最需要什么？你要了解企业的发展阶段和业务重点，尤其是对人才的需求重点。只有把你自己的能力优势与企业需求相结合，才会有利于企业的发展，彰显个人的不可替代性。

二、公司同事最缺乏什么？你要正确分析企业员工队伍的素质与企业需求之间的差距，假如在某一方面有大量能力很强的员工，甚至超过了企业的实际需求，那么在这方面很难做到不可替代。

三、自己最擅长什么？你要对自己的强项、弱项都有一个清醒的认识，在此基础上"扬长避短"，成为这一方面的行家里手。比如，如果你的技术水平很高，就努力成为公司的技术核心，如果对管理很在行，就努力成为企业的管理中坚，等等。

原惠普总裁、有着全球第一女CEO之称的卡莉·菲奥莉娜说过："要大胆地梦想你的未来……推动人类进步的，从来不是愤世嫉俗者和怀疑者，而是相信凡事皆有可能的人。"在全球的商业领域里，顶尖管理层素来是男人当道，然而其中也不时出现杰出女性的身影，卡莉·菲奥莉娜就是其中的佼佼者。她用自己在商界拼搏的传奇经历，告诉全世界的人："我很重要”。

在竞争激烈的市场中,每个人都面临着各种各样的挑战,因此,身为职场人士必须拥有不可替代的核心优势,要有一技之长,就是其他人不会你会,其他人会一点你会很多,其他人会很多你可以做得更精致、更完美。特长是价值的体现,是拥有职场影响力的重要工具。没有特长的人很难得到同事的认可与领导的青睐。

当前职场竞争激烈,就业危机早已来临,只有那些不可替代的员工才能在企业裁员浪潮中不被淘汰,才能升职加薪,和公司一起成长。由此可见,在竞争日益激烈的时代,作为一名企业员工,能够在自己的岗位上发挥优势,让自己变得不可替代,越来越不可小视。

9. 独当一面地完成任务

如今社会已习惯于把所有的成功都归于传奇:聪明绝顶的头脑,灵光一闪的创意,如期而至的财富,都会使我们把目光集中在光环之下,而忽视了水滴石穿的巨大力量和无限可能。

员工要想获得财富和成功,必须踏踏实实从基层做起。先做优秀员工,后做优秀老总;先做薪酬不高的工作,然后才能身价百万。任何成功都不可能一蹴而就,只有做好自己当前的本职工作并精益求精,才能在群体中脱颖而出,才能独当一面地完成公司的每项任务。

现实中,总是有人抱怨自己的工作环境不如意,没有什么发展前景和机会。其实,职场中最重要的,不是环境,也不是机遇,而是对自我品格和思想力度的训练与提升,只有全方位提高完善自己的能力,才能从平凡走向优秀。

真正的好员工,不是被环境打倒,不是在失败中怨天尤人的“怀才不遇”者,而是能够洞察环境的本质,相时而动,实现与老板双赢的智者!

大连冰山集团冷冻机股份活塞事业部35岁的钳工李锡陆,现担任机组班班长。90年从公司技工学校毕业来到冰山,从那一年起,他就立志要做一名技艺全面、本领高强的技术工人。他系统学习了钳工知识,从理论上丰富了自己的头脑。在实践中,他主动向相关技术人员及老师傅请教,把业余时间都用在刻苦钻研技术上。在全市青工比武中,李锡陆取得理论、答辩、实际操作均为第一的好成绩,获得“市级青工状元”称号。经过多年不懈努力他已经成为工人技师,在去年的大赛中又有不俗表现,取得了高级技师等级证书资格。

“打铁就要自身硬。”在带领班组完成正常工作之余,作为一班之长,李锡陆起到了担当技术带头人的作用。他为了提高自己的业务水平,使公司新产品——船用机组的生产快速地满足市场需求,他收集大量的资料,废寝忘食地查工艺,看图纸,请教技术人员,在最短的时间内,吃透了操作规范、图纸、工艺流程。同时,他还利用掌握的制冷理论,为班组全面补习制冷知识和系统流程等,并手把手教他们如何为试车台制冷系统进行氟利昂的填充和试车。对初干船用机组的操作者来说,试车操作过程可以快速掌握,但回压找原因时往往无从下手。李锡陆就耐心为大家一一演示,并对照问题传授具体的解决方法。他还教大家充分发挥团队协作,将工作中遇到的问题和个人经验、窍门进行汇总和交流,共同提高操作水平,使全班基本掌握了船用氟机的试车及故障排除技能。他自己还利用业余时间学完了大专课程,取得了大专毕业证书。

“勇于突破创新”。机组班担负着公司各种型号活塞式制冷压缩机的组装工作,技术难度高,工作任务重,一天有时是几个品种同时操作,各部门工序间的协调组织工作尤为重要。为了生产的有序进行,李锡陆不仅时刻关注班组各工序的生产进度、组织备件,查阅图纸,帮操作者解决问题,还要到公司其他部门随时了解操作进程。一双板鞋在他脚上穿不到一个月就废了,一双耐油鞋穿不上三个月就被磨漏了底,大家都说他长了

一双吃鞋的脚。但他从来没有因为生产任务忙而忽视产品质量，特别是对船用机组，技术要求、检验都要比一般的产品严格。他经常对大家讲："在我们这看问题是小，但到了船上，哪怕是一个螺丝钉、螺丝帽都会出现大的质量问题，给用户酿成重大经济损失，给我们的产品信誉带来负面影响。"

就是这样，在工作中李锡陆不仅能够独当一面，身先士卒，而且善于发现问题，解决问题。过去由于试车时没有试车台，每次氟利昂机组试车时总搞得满地都是油和水，试车的用具也极易被油腐蚀而降低使用寿命，更严重的是地面上电线遇到水更有触电的。经过连续几昼夜冥思苦想，李锡陆设计出几套方案，在部门领导的充分肯定和大力支持下，设计安装了简便实用的试车台，并对试车水系统、气系统和电缆线的布置进行，最终解决了这一多年困扰的试车问题，消除了事故隐患，在现场整洁的同时，也大大提高了生产效率。随后，李锡陆还带领大家对试车台的试车管进行改进，降低了成本。在部门和组员的支持下李锡陆对辅机试车台普通冷凝器储液器为高效管储液器，并将系统进行全面革新，将原先只能试一台 125 机器，两台 T810C 机器改为现在可同时试两台 125 机器，三台 T810C 机器，提高效率近一倍。现在完成一台船用机组的时间由原来的 4—5 天缩短为 3 天。

"燃烧自己为企业"。在工作中李锡陆始终做到，只要他承诺的交货期无论有多大困难，每次都带领组员们保质保量提前完成。

李锡陆扎实高超的技术水平，踏实严谨的工作作风，勤奋好学的心态，默默地作着贡献，得到了集团及领导的高度评价，不仅多次被评为公司级岗位标兵和连续三届获得优秀员工的光荣称号，更是在"冰山集团首创 100 亿立功创业先进集体和先进个人"评选活动中，荣获"生产功臣银质"。

李锡陆们无疑是企业利润的创造者，是企业基业长青的奠定者，这样的员工怎么会不受到企业的推崇和厚爱？

市场的竞争是残酷的，职场的竞争更是激烈的，优胜劣汰的生存原则亘古不变。只有企业的拉动者才能成为最终的赢家。他们没有铁饭碗,却胜似拥有金饭碗,他们不仅能使企业获得发展和成功,更能淋漓尽致地展现自己的个人风采。

在贵阳风华机器厂铸造车间里,有一名特级技师,他叫毛腊生。作为一名在改革开放中成长起来的新时代技术工人,在三十多年的铸造生涯里,他以丰富的经验、出色的操作能力,在数十项军民品项目的技术革新和科研课题中硕果累累,为国防现代化作出了突出贡献,一揽"全国劳动模范"、"全国技术能手"、"中华技能大奖"和"航天技能大奖"、"国防科技工业有突出贡献中青年专家"等诸多荣誉,展现了新时代航天工人的风采。

铸造,俗称"翻砂",可以说是制造业最基础的作业。由于产品特殊性,造型工作无法实现机械化,全靠手工操作,劳动强度大,工作环境恶劣。毛腊生作为造型工,就不可避免地要面对这个最苦、最脏、最累的工作环境。而且由于是铸造有色合金,在生产过程中会发出二氧化硫、氟化物等有毒物质。由于每天都进行翻箱、捣砂等重体力劳动,现场又没有工作平台和支架,干活全是蹲着、趴着,就是这样的工作环境和条件,与毛师傅年龄相当的同事已经没有几个能撑到现在,可身材瘦弱的他,还继续坚持在铸造一线。

造型工讲究的是尺寸精准,光洁度高。铸件成型后,无论是表面或内部都不能有丝毫的裂缝和气泡,否则就是废品。厂里有次接到一批许多铸造厂都啃不下来的复杂铸件的征询订单。毛腊生与设计部门一道探索出了一套"重叠浇铸"法,把订单接了下来,并使铸件的合格率达到100%。他还与熔炼工序人员一起探索,解决了铝合金中易产生的"白裂纹"现象,攻克了这道铸造业普遍面临的难题。

一系列工艺创新使该厂有色合金铸造技术在国内处于领先地位。造型小组先后荣获全省和全国"五一劳动奖状"、团中央"青年文明号"等诸多荣誉。风华厂的铸造技术已成为我国铸造行业的金字招牌。

读了以上的故事，作为企业的员工，我们应该可以作出最简单、最明智的选择：不要仅仅做企业欢迎的人，还要为企业独当一面，成为老板的得力助手；为企业分忧解难，将事情分析透彻、执行到位；让企业成功，让自己成长；用业绩证明自己的能力，用工作证明自己的价值。

10.志向的高度决定成功的高度

人生的命运由志向而定，很多时候，志向的高度决定成功的高度。尤其是在企业里，我们要敢于放眼全球，胸怀世界，心有多大，世界就有多大。

曾听说过一个禅宗的故事：

弟子去问师傅，他说："师傅啊！你看人的年华都差不多，我们的身量也差不多，为什么说有的人心大，有的人心就小呢？"

他师傅说："你现在把眼睛闭上，用你的心给我造一座城池，然后讲来给我听。"这个弟子就闭上眼睛，想啊想啊，想了一座巨大的城池，宫墙万韧，护城河深深，在那个城中，亭台楼阁，花草树木不亦而丛。他自己想得纤毫毕现，很大很大的一座城，然后娓娓道来，一点一点描述给师傅听。

师傅听完不动声色地跟他说："你现在再用你的心给我造一根毫毛。"他又闭上眼睛想啊想啊，造了细细的一根毫毛在那里。他说："我也造好了"。

这时候师傅问他："刚才你给我讲了那么大的一座城池，那完全都是你自己的心造出来的吗？"

徒弟说："当然是啊，那么大的一座城，你看又没有人提醒我，就是我自己想啊想啊，想到那么大的。"

师傅又问："那你刚才又造了那么小的一根毫毛，用的是你全部的心吗?”

弟子说:“当然也是全部的心啊,我在想那毫毛的时候也不能想到别的嘛。”这句话一说出口,他就顿悟了,他就明白了,人心真有大小之分。这个大与小不是物理意义上的一种考量,而是我们的心能承载多大的事情。

如果一个人的一生,想要在这个世界上去建立城池,你用三两年去修座桥,再用三五年去修座房子,一直去做,一直在建立,那么你的心就会无比的辽阔,什么小沟小坎都过得去。但是,如果你为朋友之间的几句口角、误会绊住了,或者是一级工资没有涨上去,一级职称没有评上来,被这些事情绊死在那里,那就是一根毫毛,能够绊住全部的心。人就是如此,志向的远大决定了我们未来的成就。

如果没有双臂,你会做什么?如果失去了一条腿,你能走多远?如果只有一只眼睛,你的世界又会怎样……这些不幸的人生假设,台湾传奇画家谢坤山都遇到了。16岁那年,他因触高压电而失去了双臂和一条腿,后来又在一次意外中失去了一只眼睛。然而,就是这样一个看似极端不幸的人,却成了全台湾家喻户晓的快乐明星。他的故事被拍成了电视剧,美国《读者文摘》杂志也用十几种语言向全世界的人们介绍他的事迹和经历。

反过来,一个人的成就有多大,那么他的志向也就有多大,说白了,一个人是否有远大的志向,也就决定了他的未来能否走上辉煌。

没有理想抱负的人,就好比井底的青蛙,只看见井口那么大的天空,只感受到井底那么大的空间,永远也不会看到无限的世界,永远也不会感知到世间的精彩。确立远大理想的人,就好比是长出了一对坚硬有力翅膀的雄鹰,在搏击风雨中不畏惧艰险,勇往直前,跨越巅峰,飞向世界的最高处。

从前,有三个兄弟,他们从小就非常的能干,父亲为此感到很骄傲。眼见三个孩子快要长大成人了。有一天,父亲把他的三个儿子都喊到了身边,说:“你们也都不小了,各自都应该有自己的理想了吧!今天,就来谈谈你们自己的理想吧!”

听了父亲的话后,老大说:“我将来想当一名厨师。”老二接着说:“我将来想当一名建筑师。”父亲听了老大、老二的理想后,笑着点了点头,随后又看向老三,只见老三双眉紧锁,一副思考的样子。父亲便问老三:“你的呢?”老三经过反复思忖后,坚定地说:“我要当世界上最著名的服装设计师,让所有人的衣服都是从我手中设计出来的!”父亲听后,赞许地笑了。

几年后,他们都实现了自己的梦想。老大、老二都分别成为了厨师与建筑师,不过,他们只是再普通不过的工作者了。而老三,不仅实现了自己的理想,全中国的人都认识他;不仅中国,就连外国的人也慕名赶来请求他为自己做衣服。老三真的就如他所愿,当上了著名的服装设计师。

因此,不论在什么样的环境中,只有树立雄心壮志,才能干出一番轰轰烈烈的事业,有了崇高的目标,就会产生进取心,奋发图强,有了雄心,就会点燃激情乘风破浪前进。

回溯历史,我们不难发现,每一个伟大的建树、每一项杰出的成就都是由那些志向高远的人所创造的,不论是像爱迪生、福特、贝尔、莱特兄弟这样的发明家,还是像马丁·路德·金以及从囚徒成为南非总统的纳尔逊·曼德拉这样的社会改革家。他们追求卓越,所以他们功成名就,这就是精华法则:最优秀的将会上升到金字塔的顶部。

对于企业中年轻人来说,不管现在他多么贫穷或者多么笨拙,只要他有着积极进取的心态和更上一层楼的决心,我们就不应该对他失去信心。对于一个渴望着在这个世界上立身扬名、成就一番事业的人来说,任何东西都不是他前进的障碍。

不管他所处的环境是多么的恶劣,也不管他面临多少艰难险阻,他总是能通过内心的力量驱动自己，脱颖而出，勇往直前。我们不可能阻挡一个像林肯一样、像威尔逊一样或者像希尔顿一样的人物的崛起。对于这样的一些人来说，即便是贫穷到买不起书本的地步，他们依旧可以通过借阅而获得梦寐以求的知识，即使处于卑微的境地，他们也从不放弃梦想。他们即使一次次失败，也从不放弃努力。他们就是拥有“自驱力”的人。

你或许会认为自己太差劲，能成就一番事业的机会和概率微乎其微，但是，问题的关键并不在于你现在的地位是多么的卑微或者从事的工作是多么的微不足道，只要你有强烈的进取心，只要你不局限于狭小的圈子，只要你渴望着有朝一日成为万众瞩目的人物，只要你希冀着攀登上成功的巅峰并愿意为此付出切实有效的努力，那么任何障碍都阻挡不了你成功的步伐。正如胚芽通过力量的积蓄最终钻出地面一样，竹子需要在地下长四年才能长到地上然后每年快于一年地生长，你也将通过持之以恒的努力逐渐地远离平庸，拥有辉煌而壮丽的人生。

我们不应该根据人们现在从事的工作来对他进行评判，在确切地了解一个人的理想和抱负之前，无法对一个人轻易地下结论。判断一个人的标准应该是看他所拥有的抱负和确立的目标。一个年轻人，只要他具备毅力、恒心和信念，他完全有可能成为一个杰出人物。在一个人的日常活动中，我们可以发现某些预示着他的未来的东西。他做事的风格，他对工作的投入程度，他的言行举止——所有的一切都预示着他会拥有什么样的未来。当我们看到一个工作兢兢业业，想方设法地使每一件事都做得尽善尽美，以自己的努力和成就为荣并在此基础上积极寻求进一步的发展和提高的人时，我相信他总有一天会崭露头角。

洛杉矶郊区有个年仅15岁的孩子，拟了一个题为《一生的志愿》的表格，其中包括：“到尼罗河、亚马逊河和刚果河探险；登上珠穆朗玛峰、乞力马扎罗山和麦特荷恩山；驾驭大象、骆驼、鸵鸟和野马；探访马可·波罗和亚历山大一世走过的路；主演一部像《人猿泰山》那样的电影；驾驶飞行器起飞降落；读完莎士比亚、柏拉图和亚里士多德的著作；谱一部乐谱；写一

本书；游览全世界的每一个国家；结婚生孩子；参观月球……"

他把每一项编了号，共有127个目标。当把梦想庄严地写在纸上之后，他开始循序渐进地实行。

16岁那年，他和父亲到佐治亚州的奥克费诺基大沼泽和佛罗里达州的埃弗洛莱兹探险。然后，他按计划逐个地实现了自己的目标，49岁时，他完成了127个目标中的106个。

这个美国人叫约翰·戈达德，获得了一个探险家所能享有的一切荣誉。他集腋成裘、不辞辛苦地努力实现包括游览长城(第40号)及参观月球(第125号)等目标。如果你也能像他一样，从小拥有远大的抱负，有一天，你也会发现自己是那个走得最远的人！

附 录

抗压能力测试

企业中,每个员工都会在压力的紧迫下逐渐得到成长,但是每个人承受压力的能力不相同,成长的程度也就不同,不妨测试一下你抗压能力有多少?

也许你很久没骑脚踏车了,但不妨想一想你喜欢或者正使用的脚踏车应该是哪一款:

A. 轻便型脚踏车

B. 电动脚踏车

C. 变速越野车

答案:轻便型脚踏车

压力承受能力50%。轻便型脚踏车最大的特点就是无论什么路面,骑起来都比较轻便轻巧。对于骑车的人来说自然省力不少。选择这项的人,通常来说无法忍受自己承受过大的压力。也正因为如此,你选择了轻便型脚踏车,可以让自己省力不少。不过这并不代表你丝毫不能承受压力。有时候压力反而能够成为你的动力。让你发奋达到你心目中的目标,因而在职场中,适当的压力可以促使你成长,然而一旦压力过大,将会对你是一个打击。这样的人不占少数。

答案:电动脚踏车

压力承受能力20%。把它归类于脚踏车的行列是因为它还有两个踏板。只要有足够的电力,骑车的人可以毫不费力地行驶在马路上。选择这个选项的朋友,你对于压力可以说是非常敏感。在现实生活中,你绝对不允许也不会让自己承受过大的压力。一旦超过自己的承受范围立即放弃是你不二的选择,而也正是如此,在职场中,你总是得不到成长,总是在放弃中错过了职场成长的沿途风景。因而你要明确,有时压力可以帮助你完成不少事情哦。不妨试一试,让压力变成自己的动力。

答案:变速越野车

压力承受能力80%。相信很多人都喜欢它能够随时随地变速的特点。骑车的人可以在不同的路面选择不同的方式让自己轻松度过。正如这款车的特点一样,你对于压力有着良好的调节能力。你会非常理智地判断出何种程度的压力对于自己是有利的。而当压力过大时,你优秀的调节能力就体现出来了。你会调整自己的心态或是做些事情使外来的压力立即减轻不少。对于你来说,压力反倒是一种表现自我的途径,因而你总是在职场压力下得到成长,在职场中更潇洒自如。

责任心的测试

企业是助我们不断得到成长的阶梯,而作为员工的我们,是否具有责任心,对于维护企业形象、为企业争光有着重要的作用,下面就测试一下自己的责任心的强弱吧!

题目:

假日到公园里享受悠闲时光,你通常会选择什么地方坐着来消磨时间?

1.能看到人来人往的小径坐椅上

2.柳树垂地的湖畔边

3.可以遮阳的凉亭内

4. 枝叶繁茂的大树底下

测试结果：

1. 选“能看到人来人往的小径坐椅上”

在企业中，你时常会把许多大小事情揽在自己身上，有时不该是你责任范围的事，也不知为何全落到你的头上来。如果你是真心想担起责任的话当然没问题，可是如果你每次都为莫名其妙就身负重任而苦恼不已的话，那你就得学习如何适时拒绝，或者表达出自己的反对意见……不然不仅体现不出对企业的忠诚负责，还会让人误解你是个多管闲事的人。

2. 选“柳树垂地的湖畔边”

在企业中，你还算是有责任感的人，但是并不会去承担一些有的或没有的责任。只要是自己分内的事，或者是自己捅出来的错误，你会站出来负责到底，找办法补救，但是如果有人希望你多负担点不属于你的责任，可能就要有利益引诱，才能够说动你呢。

3. 选“可以遮阳的凉亭内”

在企业中，有点小聪明的你蛮懂得求救示警，每当有事情发生时，第一个会让你想到的解决之道就是找人帮忙，当然这也算是一种负责任的方式，不过可能会有些人觉得你不能负责，而想推卸给其他人，所以做事的时候，你应该表现出勇于负责的态度，先想办法自己解决，免得被批评。

4. 选“枝叶繁茂的大树底下”

在企业中，你最怕别人叫你负责，只要是必须肩负重责大任的工作，你总是会考虑再三，能不要就不要，但这并不是说你没有责任感，只是你觉得一旦为企业形象负责就应该负责到底，因此怕麻烦的你总是希望能省一事就省一事。

并非都来听布道

F·D·E·施莱艾尔马赫(1768—1834 年),德国哲学家和神学家,他的神职工作做得尤其出色。

有人称颂他的布道具有少有的广泛性,他的教义宣讲能吸引社会各个阶层的广大听众,不仅有大学生,还有妇女和各级官员。

对此,施莱艾尔马赫解释说:“我的听众确实由学生、妇女和官员组成,学生们来是为了听我讲道,女人们来是为了看学生,而官员们来则是为了看女人。”

挖苦尼采

19 世纪德国唯心主义哲学家尼采(1844—1900 年)对女性特别仇视,他一生不接触女人,曾经这样说过:“男子应受战争的训练,女子则应受再创造战士的训练。”又说:“你到女人那里去吗?可别忘了带上你的鞭子!”

英国哲学家罗素(1872—1970 年)对尼采的哲学极为不满,挖苦他说:“十个女人,有九个女人会使他把鞭子丢掉的,正因为他明白了这一点,所以他才要避开女人啊!”

报复记者

罗素于 1920 年曾来过中国。可到中国后生了一场大病。病后,他拒绝任何报人的采访,一家对此很不满意的日本报刊谎登了罗素已去世的消息。后虽交涉,他们仍不愿收回此消息。

在他回国的路上,罗素取道日本,这家报社又设法采访他。

作为报复,罗素让他的秘书给每个记者分发印好的字条,纸上写着:“由于罗素先生已死,他无法接受采访。”

人生的幸福

有一天，罗素的一位年轻朋友来看他。走进门后，只见罗素正双眼凝视房屋外边的花园，陷入了沉思。

这位朋友问他："您在苦思冥想什么？"

"每当我和一位大科学家谈话，我就肯定自己此生的幸福已经没有希望。但每当我和我的花园谈天，我就深信人生充满了阳光。"

独身的解释

著名的英国哲学家赫伯特·斯宾塞终身未娶。有一次他在路上遇到两个朋友。

一个朋友问他："你不为你的独身主义后悔吗？"

斯宾塞愉快地答道："人们应该满意自己所做出的决定。我为自己的决定感到满意。我常常这样宽慰我自己：在这个世界上的某个地方有个女人，因为没有做我的妻子而获得了幸福。"